1922

Über dieses Buch Pasolinis dramatisches Werk ist noch unentdeckt. Diese Ausgabe präsentiert zum ersten Mal in deutscher Sprache die Theaterstücke ›Orgia‹ und ›Porcile‹. Zusammen mit der Neuveröffentlichung des einzigen bisher auf deutsch erschienenen Bühnentextes, ›Affabulazione‹, und der Erstveröffentlichung der Tragödie ›Pilade‹ in einem zweiten Taschenbuchband, sind jetzt zum ersten Mal Pasolinis vier wichtigste Dramen zugänglich.
›Orgie‹ überfällt den Zuschauer mit elementaren Symbolen. Es ist die Retrospektive auf eine letzte Nacht und einen letzten Tag, die alle Verhaltensnormen umwerfen und ins Gegenteil verkehren. Ein Mann und eine Frau quälen sich zu Tode, um auf den Kern ihrer Existenz zu treffen.
›Der Schweinestall‹ spielt 1967 in deutschem Industriellenmilieu: eine Bühnenvision von radikalem Protest gegen das gesellschaftlich Herrschende. Pasolini zielt mit seiner Parabel, deren Titel für die Bourgeoisie steht, auf das Fortbestehen faschistischer Elemente in der Bundesrepublik Deutschland.

Die Schriftstellerin Giuliana Morandini, Literatur- und Theaterkritikerin bedeutender italienischer Zeitungen und Zeitschriften, von Kind an befreundet mit Pier Paolo Pasolini, dessen Arbeit sie aus nächster Nähe bis an sein Lebensende verfolgte, hat das Vorwort zu dieser zweibändigen Taschenbuchausgabe geschrieben.

Der Autor Pier Paolo Pasolini, geboren 1922 in Bologna, ermordet 1975 bei Rom, aufgewachsen im Friaul, Doktor der Philosophie, Lyriker, Pädagoge, Epiker, Journalist, Dramatiker, Zeichner, Maler, Essayist, Filmemacher, Mitglied der Kommunistischen Partei, Christ, Homosexueller, Prophet, Moralist, ist in Deutschland bisher fast ausschließlich durch seine Filme – von ›Accattone‹ bis ›Salò – Die 120 Tage von Sodom‹ bekannt. Sein Leben, seine Person, sein Werk waren ein Skándalon. Er kämpft in seinen letzten Jahren gegen die Schein-Toleranz der totalitären Herrschaft des Konsums ebenso wie gegen den Konformismus der Progressiven. Seine apokalyptische Kritik an der Zerstörung und an der Selbstzerstörung der Menschen und ihrer Erde brachte buchstäblich ganz Italien gegen ihn auf.

Pier Paolo Pasolini

Orgie
(Orgia)

Der Schweinestall
(Porcile)

Deutsch von Heinz Riedt

Fischer
Taschenbuch
Verlag

Theater Film Funk Fernsehen
Eine Reihe des Fischer Taschenbuch Verlags
Lektorat: Helmar Harald Fischer

5.–6. Tausend: Februar 1985

Deutsche Erstausgabe
Veröffentlicht im Fischer Taschenbuch Verlag GmbH,
Frankfurt am Main, Mai 1984

Titel der Originalausgabe: ›Porcile‹/›Orgia‹/›Bestia da Stile‹

Einleitung von Giuliana Morandini (Deutsch von Heinz Riedt)

Umschlaggestaltung: Rambow, Lienemeyer, van de Sand
Unter Verwendung von Pier Paolo Pasolinis »Bersagliere« (1942),
Öl auf Zellophan,
Aus: »Pier Paolo Pasolini, Zeichnungen und Gemälde«.
Balance Rief SA, Basel 1982. Mit freundlicher Genehmigung
der Herausgeber Johannes Reiter und Giuseppe Zigaina
Gesamtherstellung: Clausen & Bosse, Leck
Printed in Germany
1280-ISBN-3-596-27078-2

Inhalt

Pasolinis Theater: Poesie, Traum, Methapher

Pier Paolo Pasolinis Werk entwickelt sich wie ein Freskenzyklus (bei seiner Filmfassung des »Decamerone« verstand er sich selbst als Maler); und jedes Bild ist eng verbunden mit dem Ablauf seiner Emotionen, den Geschehnissen seines Lebens: Schicksal eines Dichters, der »sich ausgibt«.
Sein Leben geht auf das mehrfach vorausgesagte tragische Ende zu, sein Werk weitet sich ohne Ruhepause, duldet zuletzt keine Klärung, keinen Abstand mehr, reißt jedes Strömen von Ideen, Empfindungen, Worten, Dingen, von Gegenwarten an sich. In der Voraussicht, sich mit dem Tod zu vollenden, schreibt er 1967: »Ein Leben mit all seinen Tätigkeiten wird erst nach dem Tod vollständig und wahrhaftig entziffert: dann rücken die Zeiten zusammen, und alles Unbedeutende fällt weg.«
Aus solchem Lebenslauf, der ohne Gedanken an Literatur zum Drama wurde, kennt man in Deutschland eigentlich nur die letzte, entweihend-prophetische Phase, die Stimme der »freibeuterischen«, »lutherischen« Schriften. Weniger bekannt, mit Ausnahme der politischen Periode von ›Gramscis Asche‹, ist sein poetischer Horizont, zumal in der höchsten und abgeschlossensten Phase, wo das Friaul seiner Kindheit unversehrtes Grundelement zu jedem Mythos, jedem Traum, jeder literarischen und gestalterischen Ausdrucksweise ist. Es bleibt noch, um den Autor ganz wiedererstehen zu lassen, sein Filmwerk, von den Bildern unmittelbarer Teilnahme in der römischen Vorstadt (›Accattone‹, ›Mamma Roma‹, ›La ricotta‹,) über die Neuerkundung des griechischen Mythos (›Epido Re‹, ›Medea‹) und des Evangeliums (›Il Vangelo secondo Matteo‹) und eines mittelalterlich-zeitlosen Limbus (›Decamerone‹, ›I racconti di Canterbury‹, ›Il fiore delle Mille e una notte‹) bis hin zu jener Spirale,

wo alle kreatürliche Schönheit als korrumpiert erscheint (›Salò o le 120 giornate di Sodoma‹). Doch ist seine Hinwendung zum Film erst eine zweite Phase, eine Einbettung des poetischen Worts. Pasolini ist von Grund auf Dichter »gestalthafter und lebendiger Sprachen«.
Auf der ganzen, komplexen, doch ablesbaren Bahn – sie folgt konsequent dem eigenen Erleben und der italienischen Geschichte in jenen Jahren – erweist sich das Theaterschaffen keineswegs als bloßes Experimentieren mit einem Ausdrucksmittel (man kann sagen, daß sich der Autor in jeder Gattung versucht hat, Vers, Roman, Zeichnung, Film), sondern als eine symptomatische Konzentration von Kritik und Überlegung, das Aufzeigen einer Spaltung, eines Widerspruchs, die Pasolinis ganzes Leben und seine ganze angespannte Kreativität bestimmen sollten. Nicht zufällig kommt er in einem ganz bestimmten Augenblick, nämlich 1966, zum Theater und entwirft seine Stücke innerhalb kürzester Frist, es sind nur wenige Monate. Dann schreibt er die Stücke um, verändert ihre Aussage. Es ist der Verlauf einer Jahreszeit und einer physischen Erregung, die sich tief in seinen Körper gegraben hat. Im März 1966 nämlich erkrankt Pier Paolo an einem schweren Magengeschwür und beschäftigt sich über diese Zeit hinweg, bis in den Spätsommer, ausschließlich mit den Theatertexten; so der Bericht Aurelio Roncaglias im Nachwort zu ›Porcile-Orgia-Bestia da stile‹, womit er auch den Autor korrigiert, der sonderbarerweise seine Krankheit in das Jahr 1967 datiert hat.
Pier Paolos Theater entsteht also nicht so sehr aus einer bestimmten Bühnenabsicht, sondern vielmehr aus dem Bemühen, eine Spaltung in Psychologie und Sprache zu erfassen und die Aphasie oder babylonische Verwirrung der Ausdrücke zu neuer Rede zu artikulieren. Einen Diskussionsbeitrag Anfang 1966 können wir vielleicht als einen Keim seines Suchens betrachten: »Der ›neue Sinn‹ der Dinge der Welt bezeichnet nicht nur das Ende des alten Engagements, sondern ebenso das Ende der Avantgarde.« Das alte Grie-

chenland steht Modell. So werden die Ideen, und sie sind »die wirklichen Personen«, in Platons Dialogen miteinander konfrontiert und mit Leben erfüllt, und so gibt auch, nach dem Verständnis Nietzsches und Freuds, die dramatische Handlung tiefe und dialektische Konflikte wieder. Einige Jahre zuvor hatte Pier Paolo auf Anforderung von Vittorio Gassman die ›Orestie‹ des Aischylos übersetzt (1960 in Taormina aufgeführt). Nun ist es der Geist eines anderen Vaters des Griechentums, der die Beweggründe dieses besonderen Theaters ausspricht: »Wer zu euch spricht, ist des Sophokles Schatten. / Willkür hat mich veranlaßt, hier eine Rede / einzuleiten, zu schwer und zu leicht: / schwer für die Zuschauer einer Gesellschaft, die / einen üblen Augenblick ihrer Geschichte hat, / leicht für die wenigen Kenner von Poesie.« (›Affabulazione‹, Prolog) Neben dem Aufzeigen einer Spannung, neben persönlichem Konflikt und sozialem Gegensatz stellt Pasolinis Theater die Poesie in den Vordergrund. Bei seiner Liebe zur Sprache hat er stets das gesprochene Wort bevorzugt und ist den zwischen gesprochener und geschriebener Sprache bestehenden Schwierigkeiten nachgegangen. So hat er den Jargon der »Ragazzi di vita« in eine eigenartige Mischsprache transponiert. Im Frühjahr 1966, kurz vor der Arbeit an seinen Theaterstücken, meint er: »Saba las seine Gedichte wunderbar vor; ein ungewöhnliches ›Theater‹-Ereignis.« Und wiederum ist es der Schatten des Sophokles, der aus der Werkstatt des Wortes spricht: »Das Wort lebt im Theater von einem doppelten Ruhm / ... /, weil es gleichzeitig geschrieben und gesprochen ist. / Geschrieben ist es wie das Wort des Homer, doch / gleichzeitig gesprochen wie die Worte, / ... / die tagtäglichen Worte eben, die mit dem Leben verfliegen.« Diese Ergründung des Worts jenseits aller konventionellen Diktion, des Worts, das imstande ist, den Sinn der Dinge in dem Maß zu vertiefen, wie es Körperlichkeit wiedergibt, ist in ihren Hauptzügen im ›Manifesto per un nuovo teatro‹ (1968) erkennbar; hier wird die Wiedergabe des »natürlichen Ritus« des Lebens in aller Deutlichkeit »jenem sozialen Ritus« der Unterhaltung gegenübergestellt, »der bürgerlich ist und den der Autor folglich nicht lieben kann«. (›Calderon‹) Dies jedoch, so präzisiert das ›Manifest‹, keineswegs in der Absicht, sich nur auf eine antibürgerliche Einstellung festzulegen, da doch der Text bereits für die intellektuell fortgeschrittenen Gruppen bestimmt ist, sondern, um eine unverblümte und mutige kulturelle Diskussion anzuregen. Der neue Ritus ist folglich kultureller Ritus. Und das Theater entsteht als Schauplatz des Zusammenbruchs, der Krise einer Weltanschauung, erinnert daran, bringt dies ins Bewußtsein, stellt dies dar.

›Pylades‹

Wir können dies schon bei seinem Beginn erkennen, dem im Mai 1966 niedergeschriebenen und in einer Erstfassung 1967 in den ›Nuovi Argomenti‹ veröffentlichten ›Pylades‹, der noch gesättigt ist von Meditationen über die Atriden. Wie bei anderen Rückgriffen auf die griechische Welt, so in ›Edipo Re‹, ›Medea‹ und ›Appunti per una Orestiade africana‹ (1969), stehen der Zerfall eines Wertsystems und der Übergang zu einer anderen Wirtschafts- und Kulturordnung – nicht Kontinuität, sondern Diskontinuität vorausgesetzt – im Brennpunkt des Geschehens. Der szenische Gedanke entwickelt sich aus der Erforschung dieser Katastrophen- und Gewaltmomente, bemüht sich, ihnen Rechnung zu tragen, sie eindrucksvoll vor Augen zu führen. Die aggressiven und inzestuösen Phantasien von Eltern und Kindern gerinnen über den Leichen des Aigisthos und der Klytaimnestra auf dem Platz von Argos, und ihr Zerfall ist der Untergang einer dunklen Tyrannei. Doch die Aufmerksamkeit konzentriert sich auf das »demokratische«, folglich nicht mehr religiöse, sondern politische Urteil, das Orest als Merkmal einer neu sich eröffnenden Ära zuteil wird. Die Göttin der Vernunft fordert die Verleugnung der Vergangenheit: Athene »ist nicht in alten Zeiten geboren, ihre Geburt verliert sich / nicht im Dunkel der Jahrhunderte ... / Sie hat überhaupt keine Erinnerung: nur / über die Wirklichkeit weiß sie Bescheid.« Gegen dieses Realitätsprinzip opponiert sowohl die Reaktion Elektras als auch der Aufstand des Pylades. Doch er kommt nicht an gegen den Lauf der Geschichte, »gegen Athenes Wissen ist jeder Widerstand absurd«. Besonders in die Figur des Pylades und in dessen Haßliebe zu Orest legt der Autor seine ganze eigene Emotionalität. Das Bühnengeschehen will einen schrecklichen Wandel ebenso darstellen wie selber begreifen. Dieser Wandel reißt auch den Autor mit in seinen Strudel, und er erleidet ihn wie den Untergang seiner Welt, wie das Ersterben seiner Poesie, wenn die Stimme der Poesie eine Stimme der Vergangenheit ist, die gleichsam im Traume wiederkehrt.

Das tragische Element bei ›Pylades‹ liegt in der Erkenntnis der unerbittlichen Veränderung. So kann Orest zu den Revolutionären des Pylades sagen: »Wißt, / daß für euern Sieg alles bereit ist, / bis auf das Schicksal, anders gesagt, die Wirklichkeit.« Indem der Autor sich einmal mit Pylades und einmal mit Orest identifiziert, weist er unverhohlen auf seinen eigenen inneren Zwiespalt: »Das ist weitaus schlimmer als ein Widerspruch, / als ein schöner, lichter, tröstender Widerspruch.« ... / Ich habe gekämpft wie ein Heiliger der Vernunft. / Doch Orest hat das auch getan. / Und erst jetzt weiß ich, daß die Vernunft / nicht meine, sondern seine Gottheit war!« Die komplexen Beziehungen Pier Paolos zur kommunistischen Partei und den Kräften sozialer Erneuerung, sie sind in diesem Zwiespalt zu sehen, in dieser radikalen, zutiefst empfundenen Opposition. Außerhalb der Geschichte und ihres Generationsgesetzes steht nur noch die Andersartigkeit, der Trieb zum Schoße der Vergangenheit: »Ich bin eine Macht der Vergangenheit. / Nur in der Tradition ist meine wahre Liebe.« Und Pylades-Pier Paolo kann nur noch seine Lossagung hinausschreien: »Vernunft, sei verflucht!«

›Affabulazione‹

Die Tragödie von Zeit und Zeugung ist das Kronos-Motiv, wie es in der Vater-Sohn-Beziehung bei ›Affabulazione‹ zum Ausdruck kommt, die im März 1966 entworfen, aber erst 1969 veröffentlicht wurde. Sie zeigt den Generationskonflikt in seiner ganzen Aktualität, wie er sich in der studentischen Protestbewegung äußerte. Hier wird das Ödipus-Problem von der Seite des Laios angegangen. Der Vater fühlt sich ausgeschlossen vom Heranwachsen des Sohns, vom Geheimnis, das ihn sein Geschlecht und seine Fähigkeit erkennen läßt, selber Vater zu werden. So beobachtet er heimlich seinen Sohn und tötet ihn mit einer Doppeldeutigkeit, die im Grunde ein Verlangen ist, selber getötet zu werden. Zwischen den Zeilen verbirgt sich hier eine ganze Fülle persönlichen Leidens und der verzweifelte Versuch zur Selbstanalyse. Pier Paolos Vater war 1958 gestorben, und von ihren schwierigen Beziehungen trägt er nun »eine kosmische Leere« in sich: der Vater ist »dieser Mensch, von dem ich keine Mitteilung besitze, / mit dem ich Umgang hatte in einem Traum, / an den ich mich offenbar nicht erinnere«. Und ›Affabulazione‹ entwickelt sich aus einem Traum, die Vision eines Bahnhofs, des Vaters, spielender Jungen. Diese neuralgische Erinnerung deutet auf das physische Leiden, daran Pier Paolo erkrankte: »Mein Magen ist so hart, in allen Nerven habe / ich ein so widerliches Gefühl.« An das Leiden fügt sich »eine zu schwere und zu leichte Rede«, zeichnen sich dynamisch die (dem Vatermord spiegelverkehrten) Vorgänge des Sohnesmordes ab und verschmelzen mit dem Grauen der Weltgeschichte, den von Vätern verursachten Kriegen, um sich damit vor einer »unvorhersehbaren Zukunft« zu schützen, die in Geheimnis und Geschlecht der Söhne verborgen liegt.

›Der Schweinestall‹

Kronos, der kinderverschlingende Vater, erscheint auch wieder im ›Schweinestall‹, dessen Handlung sich in deutscher Umgebung abspielt; literarisch-stilistisch von Interesse, denn gerade 1969 (gleichzeitig mit der Veröffentlichung von ›Affabulazione‹) geht die Theateridee in eine Filmfassung über; und im Film ist der prähistorische Prolog mit kannibalischem Verhalten offenkundig. Hauptperson ist Julian, ein vereinsamter Sohn im Rheinland, mit seinem Verhältnis zu Tieren, zum Schweinestall, dem Ort seiner Andersartigkeit. Seine »Unveränderbarkeit« ist keine Verwirrung und kein Sichzurückziehen, sondern das Resultat der bitteren Voraussicht, wie die Macht sich des Protestes bedient. Dem Mädchen, das erklärt: »Es ist August. Und zum erstenmal bewegen sich / die Jungen in Berlin ... / ... aus Protest ...«, erwidert Julian: »Heute, an diesem Tag / im August 1967, habe ich keine Meinung. / Einmal wollte ich schon eine haben. / Und tat auch meine Pflicht. / Aber damit ist mir klargeworden, daß ich / auch als Revolutionär nur ein Konformist bin.« Statt mit dabeizusein, wenn der Terrorismus von jungen Bürgerlichen« dem »Terrorismus von alten Bürgerlichen« begegnet, tritt dieser Sohn in den Kreis der »zahllosen Wiederholungen eines einzigen Etwas«. Die Andersartigkeit ist Herausforderung, aber auch Gegenstand einer fatalen Identifikation mit den tierischen, herabwürdigenden Masken des Bürgertums, zu denen sich der Vater bekennt (»Die Zeiten von Grosz und von Brecht sind keinesfalls vorbei / Grosz hätte mich sehr wohl als fettes Schwein zeichnen können ...«). Spiegelgleich zum Vater in ›Affabulazione‹ verschließt sich der Sohn in Katalepsie, ein Ausgeschlossener vom Kapital und seinem mimetischen Anpassungspotential an revolutionären Scheinäußerungen. Hier verwirklicht sich genau das, was die Personifikation des Kapitals in ›Bestia da stile‹ erklärt: »Darum ist meine Art, / Geschichte zu sein, vital: / sie ist in mir / natürlich und fatal.« Folgerichtig verbindet sich Vater Klotz, Exponent der alten

Industrie, mit der neuen Macht, hier dem nazistischen Anatomieprofessor Herdhitze. Diese Fusion festigt die Herrschaft und garantiert deren Kontinuität. Aber Julian weiß, daß in solchem Vorhaben kein Platz für ihn ist; seine Begegnung mit Spinoza, dem subtilen Interpreten der Vernunft, gibt ihm die Gewißheit, daß ihm nichts anderes mehr bleibt, als seine Andersartigkeit bis hin zur Wahrheit und zum »Skándalon« zu beweisen. »Aus der Welt des Herrn Herdhitze und / des Herrn Klotz sowie ihrer Gegenseite« austreten, heißt seinen Körper in den Kampf werfen und dem Wechsel der Geschichte die Unterschrift verweigern.

Die Begegnung Julian–Spinoza beleuchtet eine – für jemanden, der (wie Spinoza) Philosoph der Vernunft ist, doch ohne ihr hörig zu sein – tragische Alternative: Nur ein sakrales Etwas könnte die Mechanismen von Bürgertum und Kapital in nichts auflösen. Dies zeigt Pasolini in der Filmerzählung ›Teorema‹, die in Atmosphäre und Thematik dicht bei ›Affabulazione‹ und ›Schweinestall‹ steht. Die Erscheinung eines Gottes mit seiner mystischen Sexualität in einer lombardischen Industriellenfamilie (das gleiche Milieu wie in ›Affabulazione‹) führt zu einer Auflösung, die Katharsis ist.

Kann, wie für Spinoza, Gott ein Vernunftobjekt sein? Pasolini stellt sich dem Dilemma, als 1968 und 1969 der Kampf zwischen Söhnen und Vätern vor seinen Augen stattfindet. Daraus erwachsen zwei Leitmotive, ineinander verstrickt und voneinander verschieden. Das eine will die Ruhelosigkeit des Geschlechts und das Schicksal der Andersartigkeit ergründen, das zweite diskutiert unverhüllt das Problem der Ideologie.

›Orgie‹

›Orgie‹ steht, zusammen mit ›Affabulazione‹, dem Theaterdämon gewiß am nächsten, liefert eine Erklärung für Spannung, Leid und Tod. Die Scheinwerfer strahlen den

Körper eines transvestierten Mannes an, der sich erhängt hat; seine eben erst gebrochene Stimme spricht einen zugleich dunklen und deutlichen Monolog. Kaschiert war die Andersartigkeit, »folglich habe ich nur gehandelt«, und der Gebrauch des Todes ist die einzig mögliche Offenbarung für ein in Blindheit dahingelebtes Leben. Hinter dem Vorhang, der die in Agonie, nein, posthum gesprochenen, Worte zerschneidet (und posthum und Nachklang sind, man beachte, die meisten Theaterwerke des Autors), dehnt sich der »Stacheldraht eines Lagers«. Es ist die Folterung (mag auch Perversion noch einige Glorie bringen), in die hier ein Paar verfällt, das durch ein unlösbares stilles Einverständnis, eine Spirale von Sadomasochismus, miteinander verstrickt ist. Und es bricht eine Wut aus, zu analysieren, zu begreifen, weshalb »gedemütigt sein eine Lust ohne Boden ist: insonderheit, wenn man sich unschuldig fühlt«. Im Verlauf des Dialogs erstehen Bilder und Stimmen des Dorfes, »aber keiner sprach ein Wort«. Während dies Schweigen sie zu einer Verdrängung der Emotionen erzog, suchte in ihrem Innern »das ungesprochene Wort sich einen Platz«. Hier, wie auch an anderen Stellen, wird die Beziehung zwischen Sprache und Sexualität hervorgehoben und mit der Bedeutung gekoppelt, die in ihr die Zeugungs- und Vaterfunktion einnimmt. Im übrigen ist die Sprache nur Körpersprache und demnach eine, »die nicht unterscheidet zwischen Leben und Tod«. Mit ›Orgie‹ zeichnet Pier Paolo jenen Zerfall der Körper schon vor, den er dann mit den Bildern der Totenblässe in ›Salò‹ darstellen wird; und in der wiederholten Anwendung sexueller Gewalt empfindet er nur um so mehr Einsamkeit und Beklemmung: »All diese gedankenlosen Mittäter wirst du zwar / flüchtig sehen, doch immerhin sehen: ihren / Körper wirst du erkennen (auch ein / blondes kurzes Haar, einen dunklen Schopf). / Aber ihre Seele? ...« Der Dialog überstürzt sich wie ein drängender Monolog, ein von innen kommendes Verlangen zu verschiedenen Seiten hin, die erst die Transvestie am Ende grauenhaft verbindet. Hier zeigt sich die Zersetzung der Sexualität, die der Autor als schmerzlichsten Gegenstand der Leidenschaft und Ideologie bis in jene letzten, unveröffentlichten Seiten des Romans ›Vas‹ ausgeleuchtet hat.

Theater als Ritus

Die Theatertexte, die, dem Leser wie aufgeschlagene Skizzen anvertraut, bereits »fast posthume« Werke waren, als der Autor letzte Hand anlegte, sie wurden dann wirklich posthum gedruckt (und kamen in ihrer Mehrzahl auch posthum auf die Bühne). Und wir alle sind jetzt gefordert, ihrem Sinn nachzugehen und ihre Rede fortzuführen. Pasolini hat sein Worttheater konsequent so eingerichtet, daß es den »Raum« »nicht im Ambiente, sondern im Kopf sucht«. Er selbst inszenierte nur ›Orgie‹ und bot vom ›Schweinestall‹ die filmische Lösung.
Dies an die »Leser von Poesie« gerichtete Theater ist in der Tat »laut gelesene Poesie« und »mündliche Poesie, ritualisiert durch die physische Gegenwart der Schauspieler an einem für diesen Ritus bestimmten Ort«; und es ist eine Poesie der Spannung, so verstanden, daß sie im Worte selbst, das »doppelsinnig« und »absolut« ist, einen Bruch bewirkt. Auf die Bühne gebracht wird die Krise der Struktur, der Sprache, denn »die Dissoziation ist die Struktur der Strukturen« und »Theater müßte sein, was Theater nicht ist«. Und doch wird die Theaterintention sichtbar und die Krise kennt eine positive Richtung: »Alles, was überwunden war / von der Dissoziation, kehrt wieder: die Spaltung / fügt sich in Demut wieder zum Einzigen.« Pasolinis antiker, griechischer und athenischer Traum gründet in dieser Dialektik; aber, wie wir wissen, erlischt auch dieser Traum am Ende.
Die Dissoziation wieder zusammenzufügen, bleibt nur Vorsatz. Und das Undefinierte wird als Motiv in die Ausdrucksmittel gebracht. ›Pylades‹ erfährt von 1967 bis zur Ausgabe 1977 Veränderungen im letzten Teil. Bei ›Orgie‹ werden die Chöre der Theaterausgabe 1968 weggenommen.
Die vom Theater dargestellte Krise steht für die Krise der

Ideen. Sein Theater ist ein Theater »in der Schwebe«, das sich sowohl vom traditionellen Theater wie auch von jeglicher Protestform gegen das traditionelle Theater unterscheidet. Für Pier Paolo ist Brecht der letzte Theatermann, der das Theater noch von innen heraus revolutionieren konnte. Jetzt sind Texte und Schauspieler nur noch imstande, Probleme anzubieten »ohne Anspruch, sie zu lösen«. Daraus ergibt sich eine Konfrontation von Ideen, die keine Unterbrechung kennt und der platonischen Bewegung folgt, auf die der Autor ausdrücklich hinweist. Eine solche Ungewißheit mag auch bestimmte Intellektuelle des fortgeschrittenen Bürgertums enttäuschen, an die sich das Theater wendet, doch ist gerade das Bedürfnis nach fortgesetzter Kritik charakteristisch für dieses neue Theater, das als ein kultureller Ritus begriffen werden kann.

Pier Paolo ist sich des Risikos bewußt, daß seine Texte bei der heutigen Inszenierungspraxis auch falsch ausgelegt werden können, und so gibt er im ›Manifest‹ von 1968 exakte Anweisungen über Ausstattung, Sprechweise und Sinn seines Theaters. Ganz anders als das »geschwätzige Theater«, das »gestische Theater« und das »geschriebene Theater«, die zu dem seinen extreme Gegensätze bilden, braucht sein Bühnenwerk keine tradierten Kunstgriffe akustischer oder visueller Art. Die Stücke sollen weniger betrachtet als vielmehr gehört werden, das heißt, die Aktion auf der Bühne ist eingeschränkt (wie im athenischen Theater).

Doch auf den »Zeichen« besteht Pier Paolo, und die sollen »nicht symbolisch, sondern bildhaft, lebendig« sein, »... also Zeichen der Wirklichkeit«. Eine gleiche Entscheidung trifft er parallel für die Filmeinstellungen: »als Norm eine absolute Einfachheit des Ausdrucks«, die zur Liturgie wird. Das Theater bietet die Konkretheit der Körper, die von der Sprache der Poesie nur unvollkommen wiedergegeben werden kann. Und noch einmal sagt dies der Schatten des Sophokles mit seiner Autorität: »Das Theater / vermittelt die Realität der Körper nicht nur mit Worten, / sondern auch mit eben diesen Körpern ...«

Das Vorhaben, »einen Körper mit einem Körper« wiederzugeben, widersteht der vom Kapital angestrebten Zersetzung. Solche »Herabwürdigung«, bekennt Pasolini 1975 Moravia, »durchlebe ich in meinen Tagen, in meinen Daseinsformen und in meinem Körper«. In einer Welt, wo in den Sommernächten keine Glühwürmchen mehr leuchten, werden auch die Körper grau. Die Szenerie um ihre ursprüngliche Schönheit verdüstert sich, schrumpft wie in ›Orgie‹ auf die erdrückenden vier Wände eines sadistischen Universums zusammen.

Die Regie, die solches Theater inszeniert, muß sich unter allen Umständen an dies Schicksal eines Dichters halten, an dessen »unfreie freie Verse«, an Glorie und Versklavung seines Körpers. Bis hin zur Vergegenwärtigung der letzten, grauenhaft-wirklichen Fotografie von dem hingemetzelten Körper auf dem Küstenstreifen von Ostia, in der fahlen Morgendämmerung eines Novembertags.

»Die Sonne geht auf / über diesem erniedrigten Leib«, das sind die letzten Worte von Pier Paolo-Pylades.

Giuliana Morandini

Orgie

Personen

MANN
FRAU
MÄDCHEN

Prolog

MANN

Ich bin noch nicht lange tot. Absonderlich
gekleidet hängt mein Körper an einem Strick.

Verhallt sind hier eben meine letzten Worte:
»Endlich hat einer guten Gebrauch vom Tod gemacht.«

Ja, so sagte ich, bevor ich, in wahrhaft abscheulicher Weise
ausstaffiert, an diesem Stricke baumelte.

Ein Blick zurück – gleichsam als Flash-back –
auf die letzten wichtigen und typischen
Geschehnisse in meinem Leben?

Nur das eine will ich jetzt: aber
wie ein Schriftsteller von Memoiren und Aphorismen
(sicher verleitet von zu viel Weisheit aus dem Tode).

So wisset: Der Mann, der hier am Stricke baumelnd
mit gebrochnem Hals und kalt schon, zu euch spricht,
er war, wie man so sagt, ein Mensch wie jeder andere.
Kein Dichter und kein Verrückter.
Kein Schuft und auch kein Süchtiger.

Und stand, wie jeder andere, a u f d e r S e i t e d e r M a c h t
(ob man sie hat oder sich an ihr beteiligt, ist
ohne Bedeutung). Doch auf der Seite der Macht sein, heißt
noch lange nicht, für sie Partei ergreifen!
Denn wer es hinnimmt, still und anonym und respektiert
sich an einem winzigen Teil der Macht nur zu beteiligen,
will mit tierischem Instinkt, daß sein und der anderen Leben
grau und ohne Entscheidung und Leidenschaften sei.

Im Bereich der Macht gibt es also die Freiheit

(die größte Freiheit, die von Tieren!)
für den, der keinen Zwist mit seinem eignen Dasein hat.

Ja, ich war tatsächlich frei und unabhängig,
denn ich akzeptierte ohne Vorbehalt
die Existenz der Macht, paßte mich mit
dem gehörigen Konformismus an und wollte
als Normalmensch meine Rolle spielen.
Keine große, denn ich bin ein Durchschnittsbürger.

Doch zur Abrundung des Bildes muß ich hinzusetzen,
daß ich nicht Konformist genug war, um von der Macht
guten Gebrauch zu machen, keineswegs! Gehörte ich doch
zu denen, die in ihrer Freiheit weder Liebe noch Erbarmen
noch andere Gewissensnöte kannten.

(Aber der Friede hinterläßt blutige Spuren wie der Krieg.
An Stelle der Massenmorde steht
hinter seinen Inszenierungen
eine andere Ungeheuerlichkeit.
Wieviel Friede ist doch auf dieser Ebene
zwischen Alpen und Meer!)

Warum also konnte ich in Frieden leben
in einer Friedensperiode der Welt?
Die Frage ist absurd
nach all dem, was ich bisher sagte!
Weil ich ein Andersartiger im Leben war:
darum fragte ich, wie ich in Frieden
leben konnte auf der Seite der Ordnung.

Das ist einfach: Weil ich vor den andern und vor mir
meine Andersartigkeit kaschierte.
Untersucht, verstanden, akzeptiert, diskutiert und
manipuliert wurde sie nie. Mit mir (oder mit meiner
Kindheit)
blieb sie jungfräulich, wie sie zur Welt gekommen.
Folglich habe ich nur gehandelt.
Kann man vor einer Entscheidung,

ohne eine Entscheidung handeln?
Gewiß doch.
Untersucht, verstanden, akzeptiert, diskutiert und
manipuliert habe ich meine Andersartigkeit
erst Minuten vor dem Sterben:
also nur in der erforderlichen Zeit,
mir mein Leben beispielhaft zu nehmen.

Wäre mein Leben, so meine ich,
Schauspiel gewesen, so hätte ich
kein Drama vor mir gehabt, das
überlieferungsgemäß einen Kontrast zur Ursache hat.
Dies Flash-back auf die letzten Geschehnisse meiner
Tragödie
wäre dann, so sag ich nochmal, Drama oder Dilemma
nur fürs Gewissen eines möglichen Zuschauers.

Hier nun, wie ich sie als Toter sehe,
des Dilemmas Elemente
(die ein Zuschauer niemals akzeptieren könnte,
sie von sich weisen, sie mißbilligen,
sie auspfeifen und, ich möchte schwören,
gar die Polizei anrufen würde).

Hat die Andersartigkeit ein Recht, sich immer
gleichzubleiben?
In solchem Falle nur Erhärtung des Skandals zu sein?
Muß sie nicht zu einem anderen Skandal erwachsen?
Ist die Andersartigkeit nicht eigentlich
– wenn sie in sich selbst sich nicht verändert –
nur ein Element der Normverleugnung?
Und daher Bestandteil der Norm?
Was der Andersartige zu tun hat, ist wichtig!
Du Schwarzer, du Jude, du Ungeheuer:
Was hast du zu tun?
Sollst du die Wirklichkeit in dir rekonstruieren,
damit sie wieder wirklich wird?
Sollst auch du vorangehen und die

Gesetze der Norm wie die des Wahnsinns übertreten?

Oder ...
sollst du deine Andersartigkeit
– nehmen, wie du sie gefunden hast?
Bleibt dir, Andersartiger, nichts andres als dich
zu verlieren, damit du dich von neuem findest?
Hast du den Rassenhaß zu akzeptieren, schier
als sei dein Lebensinhalt dieses Akzeptieren?
Und, hast du Zuneigung und Menschenrechte verloren:
Kannst du dich auf solche Weise und die Welt dann
heiligmachen?
Ach, auf diese Fragen fand ich nur konfuse Antworten
in den kurzen Augenblicken, eh' ich mich erhängte.

Doch wäre das in meinem Leben, dem mein Tod
Bedeutung gibt, ich wiederhol's, ein Schauspiel,
dann sagt' ich wohl zu meinen Zuschauern,
die meine Feinde sind, sich vor mir sträuben:
»Seid, ich bitte euch, wie jene Soldaten,
die jüngsten jener Soldaten,
die als erste durch den Stacheldraht
in ein Lager hineingehen ...
Und da, vor ihren Augen ... Oh, ich bitte euch,
seid jung wie sie!« Das ist alles.
Vergnügt euch jetzt.

1. Episode

FRAU
Ich zittere ...

MANN
Vor dem, was ich mit dir vorhabe
– und tun werde?

FRAU
Ja, davor zittere ich ...

MANN
Du weißt, was ich mit dir vorhabe
– und tun werde?

FRAU
Ich weiß.

MANN
Und bittest mich nicht, es sein zu lassen?

FRAU
Nein.

MANN
Im Wissen um ...
zitterst du also gern ...

FRAU
Ja, gern:
wie ein Kranker gern seine Krankheit kennen will.

MANN
Um zu tun, was ich will,
haben wir noch die ganze Nacht.
Jetzt wollen wir in Ruhe über dein Zittern reden ...

FRAU
Ich kann dir nur sagen, daß ich zittere.
Und das verwirrt mich:
denn ich weiß, daß die Leute
hinter den Wohnungswänden,
wenn sie sehen könnten ...
Aber die Leute werden nichts sehen.
Und darum bin ich so überaus glücklich.

MANN
Und was ist dieses dein Glück?

FRAU
Das Bewußtsein, daß niemand weiß,
wonach ich mich sehne.

MANN
Aber ich weiß es.

FRAU
Nein, auch du weißt nicht,
wonach ich mich sehne,
darfst es nicht wissen.
Du wärst mir im Wege.
Allein muß ich sein.
Wenn ich mir unwillkürlich, mechanisch
wünsche, willenlos zu werden,
dann bist du nur das Werkzeug,
das ich, wer weiß wie,
gleichgültig wie, gefunden habe,
um mein Sehnen einsam zu befriedigen.
Wird man gehenkt oder gekreuzigt:
Wer kann einem da zur Seite sein?
Die Welt des Opfers und die Welt des Henkers
sind, in Einsamkeit, getrennte Welten.
Ich existiere nicht für dich, und du nicht für mich.
Das macht mein Glück nur noch größer.

MANN
Der Grund, aus dem ich dich töten könnte, ist wirklich der,
daß du für mich nichts anderes als ein Ding bist.
Mich selbst erkenne ich in niemand sonst.
In diesem Fehlen von Liebe überhaupt
verbarg sich meine Liebe
als Knabe, der in eine Welt geboren ...

FRAU
Werkzeug meines Todes, nicht mein Mörder
könntest du sein. Und mein Mann bist du
für jene Welt ... in die wir geboren.

MANN
Sollte ich dich ermorden, werde ich dich auch vergessen
und zur Tränke zurückkehren wie das Vieh,
anderntags unter anderer Sonne,
von mir zum erstenmal erlebt, weil
ein vergangenes Erlebnis wertlos ist.

FRAU
Du könntest an meinem Grab vorbeigehen und
es nicht sehen. Könntest dich auch hinstellen und pissen.
Was aber das Glück nur vergrößern würde,
vor dem ich jetzt zittere.

MANN
Schon oft hast du mir erzählt,
wie alles seinen Anfang nahm.
Magd, erzähl's noch mal!

FRAU
Ja, ich weiß, ich weiß:
Gedemütigt sein, ist eine Lust ohne Boden.
Insonderheit, wenn man sich für unschuldig hält.

MANN
Magd: Du warst ein kleines Mädchen ...

FRAU
Ja. Und stets recht billig ...

MANN
War dein Blond heller als jetzt?

FRAU
Ja, wie das Blond eines Engels auf einem Heiligenbildchen.

MANN
Sag's gleich: Wo hat sich das zugetragen?

FRAU
Genau in deinem Heimatdorf.

MANN
Ein Dorf mit staubig weißen Straßen?
Und Maulbeerbäumen, die nicht mehr sind?
Und hohem Gras an den Straßenrändern, vom Regen gebeugt?
Wo die Kornhalme Segmente gewesen, die über die Stunden befahlen,
sagen wir der Flüchtlinge aus Dalmatien oder Katalonien,
aus Ländern, die das Meer anspült?
Wo am Ende die Glocken
wie Natternnester unter der Erde zuckten,
wo, zwischen einer Weide und einer Akazie, die Katen versanken
und grün, gleißend vor Sonne, mittendrin ein Maulbeerbaum stand?

FRAU
Ja.

MANN
Und was sagten da die Menschen?

FRAU
Es waren ja deine Menschen.

MANN
Dann sprachen sie nicht ...

FRAU

O doch, ihre Stimmen drangen von überallher.
Brannte nicht die Sonne auf die sulfatblauen Dachrinnen?
Oder die steinernen Wände der Dunggruben? Und diese
Stimmen strichen friedlich durch die Beklemmung des Tags.
Wo der Sonnenuntergang nur ganz langsam kam
– wie ein Most von anderen Planeten –
und dessen Rot so schwer wie eine Gottesspeise wog?
All diese sonderbar heiteren Stimmen erhoben sich in Richtung
Kirchturm oder Kate an der Asphaltstraße.
ABER KEINER SPRACH EIN WORT.
Dann senkten sich die Abende – blau auf den Schnee und
aschgrau und warm auf die Mohnblumen –, es kam die Sperrstunde,
und aus den Gärten drangen, gar singend, jene Stimmen,
aus den Gärten, denk dir! wo nicht Orangen- oder Zitronenbäume,
aber große Eichen und Luzerne und verstreut
auch ein paar Dahlien standen.
ABER KEINER SPRACH EIN WORT.

MANN

Meine Menschen waren in Wirklichkeit doch etwas anders.
Sie lebten in einer Provinzstadt. Es gab dort Laubengänge,
und jene Stimmen klangen darin von einer Schenke
zur anderen, den Viehhändlern und Fremden gut bekannt.
ABER KEINER SPRACH EIN WORT. Und oben stand eine Burg,
wo sich mit den Stimmen der Schwalben die von Kindern
und Ammen vermischten, schrill und gesplittert
vom zu hellen Licht der Berge – ABER KEINER SPRACH EIN WORT:
Des Abends, auf dem kleinen Platz vorm Rathaus
– Venedig oder Turin oder Bologna waren die Kapitalen,
die man klein und fein imitiert – drangen die Stimmen

im Sommer aus den bis spätnachts geöffneten Cafés,
im Winter zwischen dem verzweifelten Quietschen
der letzten Straßenbahnen hervor
(nicht zu vergessen die tönenden Stimmen
aus den Kleinkinos). ABER KEINER SPRACH EIN WORT.

FRAU
Ob die Stimmen
ländlich-mittelalterlich erklangen,
durch die Einsicht des Ottocento moduliert,
oder in (schlecht beherrschter) Hochsprache,
eines ist gewiß: KEINER SPRACH EIN WORT.

MANN
Und zu Hause?

FRAU
War's wie bei dir.

MANN
Ein Vater, aus dessen Mund abscheuliche
Kommandolaute kamen, denn er war, wie ein alter Soldat,
verfinstert von Wein und Dürftigkeit, UND DER KEIN WORT SPRACH?
Eine Mutter, wie ein Vöglein sorglos und entrückt,
die den Mund nur zur Rechtfertigung öffnete oder zum Weinen
oder zu unangemessenem Protest – UND DIE KEIN WORT SPRACH?

FRAU
Ja, ungefähr so. Mein Vater war ein schöner Mann,
schon alt, und machte den Mund nur auf, um zu sagen, was
schon all seine Vorfahren gesagt, und befahl
dem kleinen Mädchen mit Sanftheit, dem Jungen mit Strenge
– SPRACH ABER KEIN WORT.
Meine Mutter war immer noch in ihn verliebt
und machte den Mund nur auf, um über Haus und Essen in der

ihnen eigenen Sprache zu sprechen – SPRACH ABER KEIN WORT.

MANN

Keiner in jener Welt hatte einem andern
was zu sagen: Und es schien doch ein einziger Klang von Stimmen.
Wie hast du sprechen gelernt?

FRAU

Ich hörte auf jene Stimmen.

MANN

Aber sagten sie dir etwas?

FRAU

O nein, es waren nur Stimmen. Wohl formten sie
meinen Namen und bezeichneten alle Dinge,
die um uns sind und uns dienen
auf dieser Welt: ABER SIE SPRACHEN NICHT.

MANN

Was hast du dann gelernt?

FRAU

Eine Stimme zu haben.

MANN

Auch ich, auch ich.
Aber was geschah dabei in unserm Innern?
DA SUCHTE DAS UNGESPROCHENE WORT SICH EINEN PLATZ.

FRAU

Auch bei mir: Nur konnte ich es nie aussprechen.

MANN

Wie göttlich war das Schweigen voll von Stimmen!

FRAU

Wo keine Kenntnis nötig war.

MANN

Wo man nur die eigene sprachlose Stimme

im Lichte eines Morgens mit den Stimmen
aller andern gegen die roten Wände zu erheben hatte,
die über dem ersten Tau die Sonne dem Mond
entgegenstellte.

FRAU
Da verständigten wir uns DURCH UNSER TUN.

MANN
Hunnen und Langobarden hatten einen kleinen Tempel
aus ganz harten weißen Steinen gemacht; die Etrusker
hatten ein Grabmal aus Tuff mit rosa Gliedern darauf
gemacht.

FRAU
Meine Mutter hat das Huhn mit Salbei und den Kuchen
aus Maismehl unter der Asche gemacht.

MANN
Mein Vater hat seinen Weg ins Büro gemacht;
ein anderer Vater hat sein Dach mit neuen Ziegeln
gemacht;
wieder ein anderer hat Märsche als Soldat gemacht.
Und so haben sie sich verstanden.

FRAU
Die alten Sklavinnen in Venedig oder im Piemont
oder im Kirchenstaat haben mit Olivenzweigen
Beschwörungen gegen den zürnenden Himmel gemacht.

MANN
In Frieden fuhren die Züge.

FRAU
Ich höre noch das Klappern der Milchkannen
gegen die Lenkstangen der Fahrräder,
vermischt mit Gesang.

MANN
Was hat man nur aus uns gemacht,
da man uns die Sprachlosigkeit lehrte!

FRAU
Menschen, die aus Freude über die Schande ersticken.

MANN
Sie ist immer die gleiche.

FRAU
Natürlich die gleiche, denn gleich ist ja auch
der Geruch von Mannessamen, mit dem sie verstrickt
und den keiner je wird beschreiben können.

MANN
Und du rochst ihn bei mir wie beim ersten?

FRAU
Ja. Vater wie er.
Herr über das Leben.

MANN
War er unverfälscht?

FRAU
Ja. War er doch wie sein Vater.
Ich aber wollte ihn einfach als Tier,
das mich frißt. Der Atem sollte nach Zigaretten
(den ersten) riechen und die Haut nach guter Seife.
Er dachte, ich verstünde nicht, daß er seine Eile
nicht erkennen ließ, weil er wußte,
daß ihm das Schicksal gewogen war.
Er hätte mich wohl entehren wollen,
wie ein Erwachsner das mit kleinen Mädchen macht,
aber er wußte, wußte zu genau,
daß er gar kein Ärgernis geben
und gar nichts schänden werde.
Nicht so ich! Nein.
Sein Einklang mit dem Gesetz und sein Verlangen
waren für mich gerade ein Grund,
Ärgernis und Schändung zu erhalten.
Unschuldig ist, wer besitzt,
schuldig, wer besessen wird.

MANN
Hast du ihn betrachtet in jener Hose?

FRAU
Ja. Aber er sah dies Betrachten als sein Anrecht
und meine süße unwissende Schwäche an.
Nahm's wahr mit väterlicher Ironie.
Im übrigen hatte er eine Hose,
wie man sie in den Jahren trug,
ohne männliche Koketterie: die Hose
eines Menschen, der arbeitet und gehorcht.

MANN
Hast du auch die anderen betrachtet,
so schamlos in den
Hosen voller Scham?

FRAU
Ja. Ich habe sie betrachtet. Dort
war die Verheißung meiner Schande. Diese
schöne Verheißung, die uns zu Hinterbliebenen macht,
verrückt auf das stille Glück, weiterzuleben.
Da war das Nest, darin
sich erst der Vater, dann der Sohn einnistet.
Und es schweigt die Frau
oder singt zur Arbeit
an den langen grauen Morgen und den
Nachmittagen, die nur die Sonne füllt.

MANN
In einem Dorf, das nicht weit vom deinen
(an denselben Voralpen) gelegen, gab es
einen Balkon, der ging auf eine schattige Straße
und ein Tal voll von Licht, mit einem Fluß.
Ich wiederhol's dir zum tausendsten Mal.
Auf diesen Balkon kam ein Junge
armer Nachbarn. Auch er war arm an Schönheit,
arm war das Blond seines dünnen Haars,
arm waren seine tränenden Katzenaugen und

arm das Leben in dem Körperchen, das Mirko hieß.
Tagtäglich kam er, und ich band ihn
ans Balkongeländer. Tagtäglich weinte er.
Tagtäglich sagt' ich, daß ich ihn so ließe
und daß er seine Mutter nie mehr sehe.
Mein Herz wurde hart wie ein Glied:
er aber weinte und öffnete sein
lächerliches Mäulchen und weinte sich naß.
Rundum war Sommer,
waberte in des Flusses und des Tales
Helligkeit, mir in Erinnerung
nur wegen seiner Helligkeit,
die dem Schweigen vergänglicher
Leben eine Gestalt verlieh.
Sie war ein Schutz,
darin sich der Schutz
des mütterlichen Schoßes und
der väterlichen Umarmung entfaltete;
darin sich auch der Welt Unendlichkeiten offenbarten,
zu denen dies unendliche Tal mit seiner Helligkeit gehörte.

FRAU
Diese Unendlichkeit ist auch hier im Zimmer.

2. Episode

FRAU
Was willst du mir antun?

MANN
Dir die Hände binden.

FRAU
Warum?...

MANN
Damit du deine Freiheit verlierst ... und eine andere bekommst:
die, in meiner Gewalt zu sein.
So nimmst du Vergeltung an der Welt
und zitterst vor einer Freiheit, die dich durch Freude erstickt ...

FRAU
Eine Freude, die mich erstickt womöglich,
weil mir kein Fluchtweg mehr bleibt?

MANN
Ja. Weil du es hinnimmst, in meiner Gewalt zu sein.

FRAU
Und wenn ich willenlos geschehen lasse,
was ich nicht verhindern kann,
erhöht das meine Freude?

MANN
Ja. Wie alles, was sich wiederholt.

FRAU
Und was machst du noch?

MANN
Ich binde dir auch die Füße, damit du
nicht aufstehen, nicht mehr gehen kannst.
Wie ein gefesseltes Tier,
die Stirn gesenkt und das Maul voller Geifer
und mit dankbar glänzenden Augen,
weil es doch seinem Herrn, der es umbringen will,
so tierisch ergeben ist.

FRAU
Und bin ich gefesselt: Was machst du dann?

MANN
Nichts – für einige Stunden ...
oder auch die ganze Nacht ...
oder auch viele Nächte ...
Nichts. Mir reicht's, daß du
gefesselt bist und nicht mehr deine,
sondern nur die tierische Freiheit
eines glücklichen Tierseins kostest.

FRAU
Wirst du mich ausziehen?

MANN
Nicht ganz. Ich will, daß du mit deiner Scham
empfindest, wie ich mich für dich schäme.

FRAU
Und bin ich dann so,
halb ausgezogen,
was machst du dann mit mir?

MANN
Wie du in dir anhaltend das Glück empfindest,
gebunden zu sein, werde auch ich in mir anhaltend
das Glück empfinden, dich gebunden zu haben.
Ein spasmisches Gefühl, nicht ohne Ironie:
und wird's noch nicht zur Erektion,
so doch zur angenehmen Pein in meinem Leib.

FRAU
Kannst du viele Stunden widerstehen?

MANN
Viele Stunden, sage ich dir, vielleicht die ganze Nacht.
Oder viele Nächte. Voraussehen müssen wir
eine unbegrenzte Zeit: weil das kein Spiel ist.

FRAU
Und du berührst mich nicht?

MANN
Nein! Wie auch ich mich nicht berühren werde
unter einem Zwang, den ich mir selber auferlegt.
Du als Gebundene und ich als dein Herr, wir werden
meine Anmaßung erleben, die sich verbirgt in der
fest verschlossenen Hose ... voll Scham.
Und mählich wird sich eine nicht zu beschreibende
pornographische Grimasse auf unsre Gesichter legen:
Die Tragödie schließt die Lächerlichkeit nicht aus.
Auch ein paar Witze werden wir machen,
als sei unser Treiben ... ein Spiel. Doch weh' dir, du wagst
eine Winzigkeit mehr als ein verhaltenes Lächeln
zu dem hin, was dir bis zur Unerträglichkeit versagt ist!

FRAU
Und wenn nach all der langen Zeit
du, nicht ich, den Augenblick
für gekommen hältst ...

MANN
Werde ich meine Lust haben, dich zu bestrafen ...

FRAU
Wofür?

MANN
Für deine ganz unmenschliche Passivität,
die dir alle Würde nimmt. Oder um dich zu befriedigen,
weil die Grimasse, die dein Gesicht entstellt

und den Unwillen einer unschuldigen Heldin vortäuscht,
eben darauf aus ist. Oder auch für deine Schwäche,
weil vor ihr meine Stärke so naiv kapituliert.

FRAU
Und wie bestrafst du mich?

MANN
Indem ich erst dein Bewußtsein demütige,
weil du Gehorsam vortäuschst,
nichts als Gehorsam.

FRAU
Wie willst du es demütigen?

MANN
Entblößen werde ich mich, aber so, daß du nichts siehst;
dich vorher mit Fußtritten umdrehen; und dann
über dich kommen, doch ohne Verlangen,
mit unschuldig-dummer Brutalität;
und wieder von dir lassen, ohne Samenerguß.
So wirst du merken,
ob dein Gehorsam nur Gehorsam ist!

FRAU
Was noch?

MANN
Wieder werfe ich dich mit Fußtritten herum,
damit du's gut siehst: Mit dem Blick auf dich
besorg ich's ein wenig an mir selbst,
damit du begreifst, was dir entgangen ist;
und dann, wieder ohne Samenerguß,
verschließe ich mich von neuem in der Hose ...
voll Scham ...

FRAU
Und du läßt mich, noch gebunden,
auf deine neuen Vorhaben warten?

MANN
Oh, eine neue Ausrede ist schnell gefunden,
um dich – nicht wegen deiner Unterwürfigkeit,
sondern wegen deiner Mittäterschaft – zu strafen.

FRAU
Mittäterschaft?

MANN
Ja, Mittäterschaft.
Ich will dich bestrafen,
wie ein Mann seine Frau als Hure bestraft.

FRAU
Mit Fausthieben und Fußtritten?

MANN
Ja, meine Liebe, mit Fausthieben und Fußtritten.
Aber da ich sehe, daß du schon wieder diese Grimasse aufsetzt,
so scheinheilig auf deinem Frätzchen eines berechnenden Mädchens ...
sag ich dir auch, daß es echte Fausthiebe und Fußtritte
sein werden; und reicht das nicht, hänge ich dich mit den Armen
an die Decke und greife zum Riemen.

FRAU
Wohin schlägst du mich?
Aufs Gesicht? Auf den Unterleib?

MANN
Wie's gerade kommt; und, nochmal,
das ist kein Spiel.
Bluten wird dein Körper und baumeln.
Der Schmerz wird dir die Lust
am Schmerz vertreiben.
Was du haben wolltest,
wird dein Sehnen zerstören.

Dann, meine Liebe, habe ich keinen Mittäter mehr:
dann bin ich allein,
wie du in diesem Augenblick,
da du mich als Werkzeug benutzt.
Werkzeug wirst du dann sein:
bewußtloser Körper.

FRAU
Und damit ist alles aus?

MANN
Vielleicht ja, vielleicht nein. Aus ist es,
wenn auf deinem zerschundenen Körper,
der nichts mehr empfindet, ich endlich,
achtlos und banal, mich meines Samens
entledige, den ich bisher zurückgehalten.
Doch wenn ich mich noch weiter ...
beherrschen kann, geht's weiter.

FRAU
Wie?

MANN
Ich bringe dich soweit wieder zu Bewußtsein,
daß du gerade sehen und begreifen kannst.

FRAU
Was sehen, was begreifen?

MANN
Vielleicht passiert's dieses Mal nicht,
aber früher oder später passiert's doch.

FRAU
Was?

MANN
Hinübergehen werde ich und unsern Ältesten
mit einem Messer töten, und dann den Jüngeren
in einem Bottich ertränken.
Dann beide Leichen herbringen und sie dir zeigen.

Dann beide, wie üblich, in einen einzigen Sack tun
und aus dem Haus schaffen und in den Fluß werfen.

FRAU
Und du kommst nicht wieder?

MANN
Doch komme ich wieder.
Aber nicht allein.

FRAU
Mit wem?

MANN
Erst mache ich noch einen Gang in die Stadt,
dahin, wo die Zuhälter und die Huren sind.
Wir haben heute Ostern: schönes Wetter, Feiertag.
Da kann ich leicht ein paar Freunde finden ...
oder mit Unbekannten Freundschaft schließen ...
Die bring ich dann her und sage ihnen:
Macht mit der Hure, was ihr wollt!

FRAU
Wie denn?

MANN
Gebunden werden sie dich da liegenlassen
und einer nach dem andern über dir sein,
dich nicht mal küssen oder ansehen.

FRAU
Ziehen sie sich aus?

MANN
Nein. Bestimmt werden sie sich nur ein wenig öffnen,
um schneller zu machen, was sie machen wollen.

FRAU
Wollen sie einmal oder öfter?

MANN
Jeder, wie er gerade Lust hat.

Und wenn einer keine Lust hat, nichts.
Dann wird er sich nur exhibieren
oder andres von dir wollen ...

FRAU
Wie bei einer Hündin?

MANN
Ja. Aber wenn einer über dich gebeugt und in dich gedrungen
und doch gleichzeitig wie ein Fremder draußengeblieben ist,
hat er einen gespannten Ausdruck und ist vielleicht auch etwas
bei der Sache und interessiert: Aber mach dir nichts vor.
Wenn er erst fertig ist, dann ist's, als wäre nichts gewesen.

FRAU
Und nachher?

MANN
Gehen sie weg,
ohne dich eines Blickes zu würdigen.
Heute ist Feiertag,
und sie wollen ihr Vergnügen haben,
Verlorene ... in der Alltagsreligion ...

FRAU
Und sagen nichts? Kein Wort?

MANN
Nein.

FRAU
Ich verliere sie, aber ich lernte sie kennen.
Ich verliere sie mit Entsetzen, aber mir bleibt die Hoffnung,
noch andere kennenzulernen.

MANN
Was hast du von diesem Kennenlernen?

FRAU
Die Freude am Zählen, am Wissen,

wie viele so Unschuldige auf der Welt sind.
Sündige Unschuld ist ein wertvolles Material.

MANN
Ein beherrschenswertes, um sich seiner zu bedienen?

FRAU
Nein, ein beneidenswertes: mit schrecklicher Liebe.
Diesen meinen Herren für wenige Minuten,
wenn sie nach Hause gehen, wo die ersten
Abendlichter brennen, sage ich
»Auf Wiedersehen«, und sie hören's nicht,
und ich weiß, es gibt kein Wiedersehen.

MANN
Beim Abschied wird der eine oder andere auch freundlich sein.
Die Freundlichkeit von Arbeitern, die deine
Sünden einer Privilegierten respektieren.

FRAU
Nicht ihre – geforderte und zugestandene –
Brutalität wird mich am meisten demütigen,
sondern diese wundervolle Labilität
ihrer Gewissen. So freundlich werden am Abend
bei ihnen zu Hause die Lampen brennen.

MANN
Und eine Liebe ist dabei nicht denkbar?

FRAU
Nein! Bei jeder Umarmung werde ich's glauben ...
und doch wissen, daß es gar nicht möglich ist.
Soviel Liebe für diesen Jungen mit den schmalen Wangen
und den hervortretenden Knochen, mit der schweißnassen Stirn,
mit dem rosa-erdfarbenen Helm seines kurzen Haars,
wie er mich ansieht aus seinen kindlichen Augen,
die nur ein schmaler Spalt sind in der Sonne ...
schüchterner Arbeiter aus dem Norden ...

Soviel Liebe für diesen schwarzhaarigen Jungen,
der bestimmt aus Sizilien kommt,
mit seinem Mund eines barbarischen, halbwüchsigen,
bösen Sklaven, doch ganz mütterliche Zärtlichkeit ...

MANN

All diese gedankenlosen Mittäter wirst du zwar
flüchtig sehen, doch immerhin sehen: ihren
Körper wirst du erkennen (auch ein
blondes kurzes Haar, einen dunklen Schopf).
Aber ihre Seele? Ihren Charakter?
Wie wirst du die erkennen, wenn sie kein Wort sagen,
dich nehmen und wieder gehen?
(Von ihren Stimmen mag allenfalls
ein Flüstern, ein Lachen
bis zu dir kommen.)

FRAU

Aber sie sprechen zu mir die Sprache ihres Fleischs.
An der Beschaffenheit ...
Art und Weise ... Dauer ...
wenn sie in mir, an der Intensität
ihrer langen, kurzen Beichte;
an der Grobheit und Sanftheit
– und der unendliche Spielraum dazwischen –,
mit der sie mich gebrauchen;
am regelmäßigen Zucken ihrer Hüften
und an den gemeinen Stößen, die sie mir versetzen;
an ihrer schmeichelnden und verzweifelten Verbissenheit,
wie sie sich krümmen; oder an ihrem einzigen langen
Drängen;
am Interesse, das ihren ganzen Körper durchströmt,
oder nur den einen Körperteil ...,
das sie für alles andere blind macht ...;
an der Art und Weise, wie sie sich verbrauchen,
verletzend dabei oder von wohltuender Sanftheit.
Jeder dieser Akte,
die ich dir abstrakt dahergesagt,

hat konkret unendliche Varianten
(auch wenn das Grundmodell nur eines ist).
Aus ihnen erkenne ich ohne Worte
meiner Minutenliebhaber Seele und Charakter.

MANN
Und bei dir?

FRAU
Nichts. Denn nicht für sie existiere ich.
Für dich existiere ich: du bist mein Herr.
Ich Hure, du Ausbeuter, wie du weißt.
Du kannst mit mir machen, was du willst.
Du bist immer der Halbwüchsige, der mir Angst einflößte.

MANN
Recht so.
Ich ersticke vor Verlangen,
mich zu verlieren und so zu tun,
als machte ich wirklich Schluß.
Fesselt sie

FRAU
Die Sprache, die wir benutzen müssen
– statt der, die man uns beigebracht,
schlecht beigebracht – die Sprache des Körpers,
sie unterscheidet nicht zwischen Leben und Tod.

MANN
Gewiß, meine Liebe, erstickt von all dem
Leben in meinem Leib,
bin ich entschlossen,
zu töten, um zu sterben.
Schlägt sie

FRAU
schreit

MANN
Dachtest du, ich wollte spielen?
Schlägt sie wieder

FRAU
schreit

MANN
Mitnichten! Was ich sagte, tue ich.
Es ist kein Spiel, es ist die Wirklichkeit!
Schlägt sie noch stärker

FRAU
schreit

MANN
Ich will dich wirklich töten,
ich will wirklich sterben.
Aus diesem Traum erwache ich nicht mehr.
Er bringt wirklich das Ende von allem.
Wenn dann die Welt die Augen öffnet,
sieht sie wirklich einen neuen Mord.
Mein Fleisch will wirklich den Tod!
Mein Schwanz will wirklich das Blut!

3. Episode

MANN
Woran denkst du?

FRAU
An uns beide denke ich.
Wir kehren ins Leben zurück.

MANN
Du meinst, es ist schon beinahe Morgen,
mit diesem Traum von Licht ...

FRAU
Das Licht ... der Alltagsreligion.

MANN
Und wie ist dir zumute ... bei dieser Fatalität?

FRAU
Das Licht ist (nach dem des Mondes)
fast wie ein Traum, du hast recht.
Noch kann ich es ertragen.

MANN
Ja, aber wenn es dann acht Uhr morgens ist,
und das Leben wieder angefangen hat
unter der unschuldigen Sonne ...

FRAU
Dann stehen wir vor diesem Schritt, ich weiß.
Der nicht wieder gutzumachen ist.
Es wird ein Augenblick wie jeder andere sein.

MANN
Aber woran hast du eben gedacht?

FRAU
In solchen Augenblicken habe ich
Nostalgien, wie vor langer Zeit
geträumte Träume,
die als Wirklichkeiten
wiederkehren.
Träume, die mein Vater und meine Mutter
vielleicht geträumt.
Ich bin doch noch keine dreißig!
Wie könnte ich mich auch
an jene Zeit,
jene weit zurückliegende Zeit erinnern,
als es hier nur Wiesen gab und
drüben, wo der Po fließt,
nur einen Hauch von Nebel?
Und doch erinnere ich mich.
Und weiß, daß es kaum Pappeln gab
– grün auf dem sattgrünen Gras.
Und sie legten einen grauen Kranz
um die Liebe der sanften Bauerntölpel,
die, nur um zu beten, zum Himmel sahen ...
Sonst sahen sie nur auf ihre Erdklumpen.
So hatten sie sich auch aus nasser Erde und weißem Stein geformt,
mit verschränkten Händen oder mit dem Rechen in der Faust.
Gegen die Voralpen oder gegen die Euganischen Hügel
gab's nur armselige Häuser und Herrschaftsvillen
in den Dörfern.
Da fuhren in der Sonne, in stetigem Schweigen
vor den Fensterrosen die Karren
mit Most oder Heu vorbei.
Wer duftete am wildesten, am menschlichsten?
Wurde es Abend, kamen die Mädchen
aus den ersten Fabriken.
Und alle erkannten an ihren Schritten,

ob es Herbst oder Frühling war.
Bei den erdverbundenen Völkerscharen,
die tausend Jahre lang
von den Alpen gekommen waren
und weitere tausend Jahre lang
sich hier in der Ebene angesiedelt hatten,
war jedwedes Zeichen von Rohheit vergangen.
Auch bei ihren Rindern und Hunden.
Die Väter und Mütter, Kleinbürger jetzt
nach den langen Jahren,
waren aus solch nasser Erde und solch weißem Stein.
Und wie sollte ich mich an die Maulbeerbäume erinnern,
sag, wenn ich noch keine dreißig bin?
Diese Maulbeerbäume, die auf den schattigen Tennen
leuchteten,
ein Grün, das wie Gold brannte,
oder auch die Maulbeerreihen als Stütze für die Reben,
im Februar schwarz vor den himmelblauen Bergen.
So war die Welt, wie ich noch weiß, seit mindestens
zwölftausend Jahren. Und die ersten Kamine
in Monza oder in Mailand waren Geschwister
der Pappeln auf dem Land von Cremona ...
Die Religion hat alles gleichgemacht
schon vor Christi Geburt, und ich weiß noch,
daß man vorher auf die nämliche Weise betete,
im dichten Nebel oder bei schönem Wetter,
wenn die Sonne hoch oben am blaukalten Himmel stand.
Vielleicht war mein Vater ein Trunkenbold oder Faschist,
doch tauchte er seine grobe große Hand
ins Weihwasser; und ebenso seine beschränkte Frau.
Seither ist mehr als nur ein Leben vergangen!
Das Getreide stand damals bis an die ersten Häuser der
Stadt;
der Alltag vollzog sich gleichsam in Höhlen
– in den Dörfern, die man der nassen Erde
und dem Staub überlassen, der wie Schnee war.
Die Felder mit Luzerne und die Nachbarhäuser

bildeten die ganze Welt – und Rom war weit.
Dieser lange Traum fällt mir manchmal wieder ein.
Aber sind wir denn aus ihm heraus?
In dem Traum sehe ich meiner Mutter Gesicht
unendlich älter als ihr Lebensalter ...
Das Gesicht meiner Mutter ...
Sie war jung in ihrer Unschuld ...
und konnte nichts vorhersagen ...
und war wie eine Hündin.
Aber wieviel Sicherheit in ihren Augen!
Was stört's mich, daß diese Sicherheit
einfach der gesunde Menschenverstand
von Kleinbürgern jener Zeit war!
Und daß sie als Ehefrau
und Mutter eine Sklavin war!
Den ganzen Mann, wie er's
zwölftausend Jahre lang gewesen,
sah man in der Festigkeit dieser Augen
– in einem Dorf zwischen Alpen und Meer.
Da gab es Mantua und Florenz,
die kleinen Weiler am Po und auf dem Apennin,
das kleine Griechenland mit seinem verstaubten Athen ...
Kam die Jahreszeit, in der
Primeln am Wegrand blühen sollten?
Dann blühten Primeln am Wegrand!

. . . .

MANN
Was willst du tun?

FRAU
Und du?

MANN
Deine Nostalgien kommen auch mir.

FRAU
Als Hauch von Wirklichkeit kommen sie dorthin
..., wo sich der Wind gelegt hat.

MANN
Und mit ihnen kommt die Welt wieder über uns.

FRAU
Ja, weil die Welt nicht das Heute ist:
Wir stehen immer etwas zurück.

MANN
Mit der heutigen Welt ... könnten wir auch zurecht-
kommen:
Unser Tun ist durch sie bedingt, und irgendwie
könnten wir uns dafür schadlos halten ...

FRAU
Aber bei der Welt der Vergangenheit
können wir gar nichts unternehmen.
Sie zwingt uns zu keinem einzigen Tun: begnügt sich,
uns anzuleiten und über uns zu rechten.
Was wir vorzubringen haben, will sie nicht wissen:
Aber sie leitet und beurteilt uns mit Milde,
wie eine Sonne, hoch am blaukalten Himmel.
Über die Sittenstrenge der rechtsbewußten Riesentölpel,
die nur Himmel und Erdklumpen betrachten; die pflügen
und propfen;
die graben und ernten; die Bürokratien haben, geordnet
wie Weinberge; die ihren Dienst leisten in des Königs
Armee;
die, weil sie arm sind und am Herkömmlichen hängen,
Sklaven des Faschismus sind: über sie
ging die Geschichte stets in gleicher Weise hinweg,
wie eine ewige Wolke. Jetzt, da alles anders ist, lassen wir
eine Welt hinter uns mit allen ihren Gezeiten ...

MANN
Und jene Welt, meine Liebe, haben wir geschändet
– mit der Schande unseres Tuns.
Denn, wirklich: Jene und nicht diese
Welt verdiente geschändet zu werden,

gab uns das unwiderstehliche Verlangen,
sie zu schänden ... Aber damit, wie du schon gesagt hast,
läßt uns die Macht auch sündigen,
die uns den Willen gab, nicht zu sündigen.
Wir beten an, was wir verfluchen.

FRAU
Das Sonnenlicht, das noch so fern ist
und sich mit dem des Mondes auf die Fenster legt,
gibt mir ein übermächtiges Verlangen,
jene Welt neu aufzubauen.

MANN
Aber das Verlangen, zu schänden
und uns zu schänden, kommt wieder.

FRAU
Davon will ich nichts wissen.

MANN
Zeig mir deine Verletzungen ... Da
ein blauer Fleck, da eine noch blutende Wunde;
da die Zähne, die in deine kindliche, ewig
kindliche Haut gebissen haben. Du wolltest, daß ich
an diesen deinen Wunden schuldig sei. (Wie süß die Wunden
und gesegnet, wenn sie, nur eben angedeutet,
von der Liebe Jungvermählter rühren.)
Mit diesen Wunden, die wir gemeinsam beschlossen haben,
liebkosten wir die Idee des Todes ... um ihn zu vergessen.
Das hier sind seine Zeichen.
Sie sind dir, schrecklich schwarz und rot,
auf der mütterlichen Haut geblieben.
Was für eine Sprache haben wir gesprochen?
Diese Zeichen sehen aus wie Buchstaben
uralter, toter, nie entzifferter Sprachen;
auf Gegenständen und Waffen;
die, ausgegraben, im Licht der Sonne liegen
und schweigen: Und hatten schon soviel gesagt!
Hier nun prophezeit uns ein tiefer Mond

vor Morgengrauen das Aufgehen der Sonne:
Es ist der Augenblick, da alles endlich schläft.
Keiner wird bei uns sein, meine Liebe.
Wir müssen ganz allein die Zeichen entziffern.

FRAU
Oh, diese Zeichen könnte auch ein Knabe
lesen und interpretieren!
Ironie und richtendes Erbarmen in den Augen,
Sittenhüter in Unschuld!

MANN
Durch diese Zeichen zeigte ich
mein Verlangen, zu sterben;
und du zeigtest dein Verlangen,
mich sterben zu sehen.
Ja, ich wollte dich umbringen, weil ich selber sterben wollte.
Und du wolltest sterben, weil du mich umbringen wolltest.
Es gibt eine Sprache für den Tötenden
und eine Sprache für den Sterbenden.
So ist das Leben stets ein Schauspiel.
Ich spiele – wenn ich dich mit meinen Händen
und mit dem Riemen schlage, wenn ich dich anspucke,
wenn ich dich beiße, wenn ich dir die Arme verdrehe,
wenn ich dir Dinge ins Fleisch presse,
die um vieles größer sind als ein Glied, um vieles
besser geeignet, dich aufzureißen und zu schänden,
wenn ich dich, wie im Traum, ans Bett binde,
an den Zimmerbalken hänge, dich von jungen Kerlen
nehmen lasse, die skrupellos zu allem fähig sind,
wenn ich dich in ihrer stinkenden Pisse liegenlasse
– tue ich das alles, dann ist es eine
Darstellung meines Sehnens nach dem Tod.
Und du, nimmst du all dies von mir hin,
stellst auch du dich in der
ausdrucksfähigsten aller Sprachen dar!
Und als ich dir sagte:

»Das Verlangen zu schänden und uns zu schänden, kommt wieder«,
redete ich nur dumme Worte. Sagt nicht mein Fleisch das
soviel besser, wenn es jetzt wieder zu zittern beginnt?
Und liegt da nicht auch ein Schatten im Grunde deiner Augen,
der, mehr noch als das Entsetzen vor der Sonne, das blinde
Verlangen nach einer nächsten Nacht zum Ausdruck bringt?

FRAU

Ja, wir geben wirklich ein Schauspiel.

MANN

Mein Körper ist unmißverständlich. Laß uns überlegen.
Willst du mein Rätsel oder deines lösen,
so nimm die Worte als reinen Klang oder Angewohnheit,
Strahlenkranz von Stimmen aus jener Welt ... wo keiner spricht.
Die Worte, die ich sage, sind ja
nur Teil meines Blickes, meines Körpers.
Und haben uns auch Schmerz und Scham
mit uns selber und mit der grausamen Unnatürlichkeit
der Welt um einiges vertrauter gemacht,
so sind wir doch immer noch wie alle andern
und gebrauchen diese Worte wie im Schlaf
(oder als Schatten aus den Gräbern, sonnengeblendet).
Ein Rätsel ist unser Fleisch,
und rätselhaft drückt es sich aus.
Jetzt aber sind unsere Worte nur armselige Töne
und sagen nur, daß das Leben wieder beginnt.
SO VERBRÜDERN SIE UNS MIT DENEN, DIE WIR HASSEN,
MIT DENEN, DIE AUSSER DER HOFFNUNG, IN DER SIE LEBEN,
SONST KEINE HOFFNUNG HABEN.
Und lebten wir beide nicht in dem Leben,
das nur das unsere ist, und hätten wir nicht
diese scheinheilige Zeremonie inszeniert, im gemeinsamen
Schlafzimmer wie in einer Höhle verborgen –

und hätten statt dessen vor aller Welt getan,
was wir da im Geheimen getan, also unsere
Beziehungen zu einem wahren Schauspiel gemacht –,
welchem Zuschauer wären wir dann nicht begreiflich
gewesen
AUCH OHNE EIN EINZIGES WORT VON UNS?

FRAU
Demnach ist unsere Wirklichkeit nicht jene,
die wir mit unseren Worten zum Ausdruck brachten:
aber jene, die wir durch uns selbst
darstellten, mit unsern Körpern
als Figuren! Ich das Opfer, du der Henker.
Du das Opfer, das töten will; und
ich der Henker, der sterben will.

MANN
Das ist schlimm, du weißt.

FRAU
Ich weiß.

MANN
Die Nacht geht vorüber. Etwas wie ein eiskalter Schleier
verdunkelt den Mond: ein Vorbote seines Endes.

FRAU
Wie können wir uns je von diesem Übel befreien,
wenn es so unendlich schöner ist als alles Gute?

MANN
Unsere Wirklichkeit – das wissen wir jetzt – sind wir selbst:
Und durch uns selbst bringen wir sie zum Ausdruck.
Jedes unserer Leben ist nur sprechendes Beispiel;
während unsere Worte – was wir jetzt auch wissen –
nur mit ihrem Klang und mit einem winzigen
Bruchteil ihres Inhalts wir selbst sind.
Und wenn sie nicht wir sind, so sind sie nicht Wirklichkeit:
Folglich sind die Worte der Sprache nichts als
Werkzeuge des Traums. Wie die Wirklichkeit
das Böse, der Traum das Gute ist.

FRAU
Was willst du damit sagen?

MANN
Daß, wenn wir aufhören zu sein, was wir sind
– auf uns selbst bezogen, ist das schlimm –,
wenn wir also aufhören, ich mit meinem, du mit deinem Leib
die Sprache des Fleischs zu sprechen,
wir uns den Traum wieder holen: uns retten können.

FRAU
Du vergißt aber, daß wir in unserm Leben immer so getan haben,
als träumten wir: von unserm Heim, unseren Kindern,
deiner Arbeit, meinem Ruf ...

MANN
Das ist es ja: Wir haben nicht die Kraft,
unsere Wirklichkeit zu leben;
sie hat uns zu Sklaven gemacht.
Wozu also eine Wirklichkeit leben, die Sklaverei ist?
Wir schämen uns darüber. Und wissen, daß wir Schlechtes tun.
So stellen wir uns auf die Seite der andern – die würden
uns verurteilen, wenn sie wüßten –, und verurteilen uns
an ihrer Statt!
Gewiß, unser Schauspiel findet
hinter verschlossenen Türen statt. Aber als unsere
Zuschauer verurteilen wir uns selber.
Und wir leben weiter, Tag für Tag,
die Freiheit der Schande,
einer Schande von Sklaven.

FRAU
Ich verstehe, daß du von Scheinheiligkeit sprichst.
Daß du von Schuldgefühl sprichst.
Daß du vom Widerspruch unseres Lebens sprichst:
tagsüber Kleinbürger im Traum, der das Gute ist;

nachts Verworfene in der Wirklichkeit, die das Böse ist. Doch wäre dem nicht so, worin bestünde dann unsere Lust, die uns schon beim Gedanken an Einsamkeit zittern läßt?

MANN

Mach dir jetzt keine Illusionen mehr.

FRAU

Worüber?

MANN

Willst du es denn wissen?

FRAU

Könnte wissen zu wollen
uns trennen?

MANN

Was fürchtest du,
wenn du schon fragst?

FRAU

Ich fürchte um dich.

MANN

Was?

FRAU

Daß du fürchten könntest zu wissen,
was ich fürchte zu wissen.

MANN

Etwas spricht zu mir: Und ich muß darauf hören.

FRAU

Spricht zu dir ... mit W o r t e n oder mit W i r k l i c h k e i t ?

MANN

Wie vorher die Sprache des Fleischs zu mir sprach
(die so einfach zu deutenden Hieroglyphen
aus Wunden und blauen Flecken an deinem Körper), spricht
nun mit ihrer Sprache eine andere Wirklichkeit zu mir:
Auch sie ist da.

FRAU
Ist sie da, bin ich ein Teil von ihr.

MANN
Ich weiß, daß du nicht wissen willst:
Und das trennt uns.

FRAU
Ich will nicht wissen.

MANN
Da, sieh doch hin, arme Komplizin, wie's auf der Welt zugeht ...
Da – der schwarzblaue Fleck, der wie ein Zeichen
unserer eigenen, geheimsten Sprache aussieht –,
was du da hastig übergestreift hast,
als schämtest du dich: ein Paar Strümpfe.
Die unschuldige Mutter hat sich verhüllt.
Wenn ich schon den Fleck auf deinem Fleisch entzifferte,
so entziffere ich jetzt die Sprache dieses Strumpfs: dich.
Dieser Strumpf erzählt von dir, die eines Abends ...
mit einer ganzen Horde von Männern ...
eines Abends, als die ersten Lichter angingen,
vielleicht war's gleich nach einem Regen ...
Wo war doch dies Kurzwarengeschäft? Nach vielen rosa Pfützen?

Und da, sieh doch: vom Oberschenkel bis an den Leib
(bei der Senke, die so sehr unsere schweinische
Sprache spricht, wie eine Religion so dunkel),
sieh diesen Strumpfhalter.
Mit Zittern kaufte ich ihn dir.
Aber ich war ja in einem Geschäft der Zivilisation,
und da gab's ein lächelndes Mädchen, gab
Hunderte von Menschen den Bürgersteig entlang:
Sirenen heulten, Glocken läuteten.

Dann noch der Schlüpfer hier: ein Sklave der Zeit.
Was er sagt? Er sagt: Dein Leib ist so oft

genossener Tod, daß ich schon beim Aussprechen des Worts
ein sanftes Stechen spüre im Fleisch meines ...
Die Ideologie des Todes sagt er aus!
Wenn ich in dir nämlich, in deinem Fleisch, du Mutter,
sterben will, und dieser Tod ein Wüten ist ...
so sagt dieser zarte Schlüpfer, Produkt der Stadt,
die um und in uns ist, so sagt er,
daß nicht nur du, sondern die ganze Weltordnung
vom Tode beschirmt und gewollt ist.
Und wir sind ordnungsliebende Menschen, nicht wahr?
Hast du je daran gedacht, die Ordnung umzuwerfen?
Nein. Das sagt dieser Schlüpfer viel deutlicher
als du. Aber welch bedingungslose Liebe für seine
Vergänglichkeit, Erbärmlichkeit!

Unterrock: Dieser Unterrock aus Seide, ganz passabel
für die Möglichkeiten unseres mittleren Einkommens,
siehst du, hier versteckt er die noch roten Spuren
von Bissen und Riemenschlägen. Wo ist mehr Wahrheit?
In der Aussage dieser blutigen Zeichen
oder in der Aussage dieses seidenen Zeichens?
Die ersten sagen, was wir uns wünschen,
das zweite, was wir akzeptieren.

FRAU
Was akzeptieren wir?

MANN
Den Pakt, der uns zu tun erlaubt,
was wir wünschen: Später sag ich's dir.

FRAU
Von ihrem zweifachen Sein
will ich nur einen Teil wissen,
den andern nicht.

MANN
Unmöglich. Denn gehe ich jetzt
die Gedanken zurück, die

der Unterrock in mir weckt ...
Besinnen wir uns:
Wieviel Misere in diesem Fetzen, dessen Farbton uns
aus irgendeinem poetischen Grund so gut gefiel!
Wir wollten ihn doch für eine Sonntagsfreude,
die auch alle unsere Altersgenossen hatten,
in der Unermeßlichkeit der Sommertage!
Soviel Misere, nicht wahr? Drückt sie dir das Herz ab?
Diese Misere, die einen anrührt, ist der erste Schritt.
Nachher denkst du, daß solch unmotivierte und
qualvolle Misere nur die Folge
von etwas Vergänglichem ist, dessen Auftreten
auf dieser Welt so wenig bedeutet ...
Folglich steht deine Würde unter der Obhut
dieses rührenden Nichts.
DAMIT HABEN WIR EINE GEWÖHNUNG AN DEN TOD.

Und es vergeht die Zeit dieses Unterrocks, seine
Feiertagsfarbe verblaßt für immer!
Aber wer legt den Todesgedanken in unser Herz:
durch den Unterrock hier,
der uns in diesen Tagen soviel bedeutet?

FRAU
Niemand.

MANN
Jedenfalls niemand, der Gesicht und Körper besitzt,
aber irgend etwas, das mit dem Tod
in so enger Verwandtschaft steht,
um eins mit ihm zu sein. Die Vergangenheit?
Der Väter Erfahrung? Die Religion?
Die Allgemeinmoral? Sagen wir: die Autorität!
Auf sie geht dieser Unterrock zurück.
Und da er auch aller Reichtum ist,
vereint er uns mit Millionen Bürgern.

Leidenschaft und Notwendigkeit ist er,
die verbrüdert und mitschuldig macht.

Du hast ihn gekauft, weil er dir gefiel,
und ziehst du ihn an, bist du, was er ist.
Er ist die Todesfahne der Macht.
Das also ist es, was wir akzeptieren!
Diese Stadt mit ihren heiligen Männern, die uns segnen,
mit ihren mächtigen und mit ihren bewaffneten Männern,
mit ihren Normen und der Norm aller Normen:
die der anderen Liebe zu Reinheit,
die unsere zu Schuld macht!

FRAU
Ich begreife; von meinem zweifachen Ich
willst du, daß ich dem stärkeren folge.
Bald schlagen die Glocken der alten Welt.
Und dies widerliche Mondlicht – das jetzt
im Morgengrauen vom Himmel geht –
sind wir selbst, aus der Hölle gekommen, um ...
zu beten, zu bereuen, zur Ordnung zurückzukehren.

4. Episode

FRAU
Es scheint der Mond. Und von weither höre ich Stimmen:
Irgendwo mischen sich Fernseher in seine Stille,
als wären sie eins mit ihm.

MANN
Es ist schon lange Frühling ...

FRAU
Du merkst es?
Das Fenster steht auf.
Und hier im Zimmer ist kein Hauch.
Draußen und drinnen dieselbe laue Wärme.

MANN
Ich habe etwas Schmerzen in der Gegend der Leber ...

FRAU
Und mir tun, wie üblich, die Schläfen weh.

MANN
Hast du die Tablette
und das Glas Wasser nicht vergessen?

FRAU
Nein. Sie sind
bei den Blumen auf dem Nachttisch.

MANN
Was hast du heute als Schlaflektüre?

FRAU
Die Kinder haben den Einband abgerissen ...
Titel und Autor weiß ich nicht mehr.
Prophezeiungen eines Professors.

MANN

Die Kinder werden sie erleben.

FRAU

Im Frieden. Ein Friede,
der schlimmer ist als jeder Krieg.

MANN

Von der Vergangenheit erinnerst du dich
nur an den Frieden.
Natürlich, Bauern leben in Frieden,
und alle Bauern sind Menschen der Vergangenheit.
Wie glücklich uns diese Vergangenheit erscheint:
Vorabend der Geburt von zwei Unglückswürmern.
Und für die Zukunft sehen wir soviel herrlichen Frieden,
weil wir selber soviel davon verloren haben!

FRAU

Aber mit unseren Leibschmerzen sind wir
jetzt anständige Leute.
Doch mag ich keinen Frieden ...
Mir macht er Angst wie ein Traum,
darin alle wissen, was sie zu tun haben,
nur ich nicht.

MANN

Wie die Bauern auf ihren Feldern in Frieden
ihre Arbeit verrichten, umschlossen
von den himmelblauen Bergen, an jenem langen
Vorabend, von dem ich dir sagte, so will auch
unser neues Geschlecht nur in Frieden arbeiten.
Dasein und arbeiten – wenn auch ganz anders,
nach den jetzigen Prophezeiungen – und dabei gleichzeitig
Milliarden gleichartiger Bewegungen wie in einem Ritus
verrichten.
In Frieden, gewiß, in Frieden. Und wir zwei im Frieden der
andern.

FRAU

Mir aber scheint, daß es in diesem Frieden

Massenmorde gibt,
daß hinter jener Sonne
ein Brandgeruch aufsteigt.

MANN
Ist es dir nicht recht? Ist unser Schauspiel
nicht ein Schauspiel des Friedens?
Es gibt keine Zuschauer. Doch gäbe es sie,
könnten sie heute an den lebendigen Zeichen unserer Körper
die Geschichte eines Mannes und einer Frau ablesen,
die sich schlafen legen mitsamt ihrem guten Willen und
mit Gesetz und Ordnung, wobei der alte Mond
in seiner ganzen Anmut aufgeht.

FRAU
Alles nur dieser verdammte Frühling ...

MANN
Findest du mich besonders ... blaß im Gesicht?

FRAU
Nicht daß ich wüßte.

MANN
Ich lebe in einer schrecklichen Angst:
Auch das Rosa
meiner Fingernägel ist verblaßt.

FRAU
Du bist doch wieder gesund.

MANN
Als ich – nach diesem Ostern – sah,
wie einem der Körper wegsterben kann,
wenn man in sein Erbrochenes fällt,
eine stechende Hitze im Kopf,
bevor man ohnmächtig wird –
wie ES sich abspielt ...

FRAU
Du bist doch wieder ganz gesund.

MANN
Ja. Aber der Körper kann einem doch immer wegsterben,
auch wenn man was für ihn tut, auch wenn man's nicht will.
Ein unaufhaltsamer Prozeß, der sich
auf hinterhältige Art zu erkennen gibt,
wenn dein Gesicht weiß wird
und deine Hände zittern ...
Dagegen wehren kann man sich nur, denk dir,
wenn man sich vornimmt, nicht daran zu denken!
Sag mal ... Merkst du noch nicht,
daß sich in deinem Leib etwas rührt?

FRAU
Nein, noch nicht.

MANN
Das beste unserer Kinder will auf die Welt kommen ...
Aber ich muß jetzt schlafen. Morgen
steht mir ein arbeitsreicher Tag bevor.
Im Namen des Vaters, des Sohnes und des Heiligen Geistes.
Schläft ein

FRAU
Weißt du denn, was es heißt, einen Traum zu leben?
Was du nicht hast, das bist du dann,
und darin lebst du jede Nacht.

Schon recht, wir erklären alles und jedes,
heute du und ich, morgen unsere Kinder.
Doch wenn in der Zeit die Ursprünge
der Vernunft liegen, dann
liegt ihre Grenze in der Tiefe.
An diese Grenze will ich nicht kommen.
In die Zeit will ich allenfalls zurück,
wo ich träumen kann,
wie mein Vater und wie meine Mutter zu sein.

Ich will nicht noch einmal davon Kenntnis haben,
wie ein Unschuldiger Schreckliches getan.

Aber wovon träume ich, wenn ich schlafe?
Von der nahen oder fernen Vergangenheit?
Im Grunde weiß ich doch genau,
daß sogar in der fernen Vergangenheit ...
selbst in jenen Zeiten ...
in den Zeiten, als das Korn bis an die Stadt reichte,
als die Kamine mit den grauen Türmen hinter den Teichen
ineinander verschwammen ... als die Vernunft,
die das Leben erklärte,
nur eine Art war, um weiterzumachen.
Doch was soll mir jetzt diese Vortäuschung?

Ich kann nicht schlafen.
Was ich dir sagen möchte:
Ich will nicht, daß es mir besser geht,
um dann doch nur zu träumen, was ich nicht träumen darf.
Aber auch so werde ich in den Sumpf gezogen:
von meiner Schlaflosigkeit, die Träume will!
Ich komme nicht davon los.
Um mich herum kann ich mir nichts andres vorstellen,
weil ich's einfach nicht fertigbringe, weil ich,
dir gleich, eine Kleinbürgerin bin
unter ihrer verzweiflungsvollen Last von Gedanken.
Ganz sicher ist das ein Wahnzustand.
Und warum stehe ich jetzt auf?
Verläßt das Bett
Irgendeine Bewegung
war in diesem Zimmer,
als pochte ein Herz in einem Leib: Ich hab's gespürt.
In der Luft hat sich die Luft bewegt ...
wie ein Schlag aus der Tiefe des Himmels!
Und der Rückschlag ist bis hierher gedrungen,
als erbärmlicher Lufthauch,
der einen kaum wahrnehmbar anrührt.
Demnach ist die laue Wärme drinnen und draußen

nicht mehr dieselbe! Ein Etwas
hat seine Ungetrübtheit getrübt.
Vielleicht kühlt die Nacht nur ab.

Oder steigt nicht alles dies aus meinem Herzen,
das seine Gewissensbisse sichtbar machen will?
Ja, im Wachzustand spreche ich von Gewissensbissen.
Wovon sollte ich sonst sprechen?
Gewissensbisse, um genau zu sein, weil ich,
entsetzt, jene Welt ... geschändet habe ...
die Welt, wo ein Glühwürmchen
über langgestreckte Gräben fliegt ...
wenn die letzten Glocken läuten
(und hinten am Horizont sich schon
die Erinnerung an sie verdüstert)...
Und steigt ab und an ... hinter den Reben,
in einem andern Dorf ... ein Feuerwerk auf
und die Soldaten aus den Kasernen
schlendern über die asphaltierten leeren Straßen,
dann kommt über diese Welt ein großes Wissen,
bezeugt von den verehrten Alten
(den Alten, die heute als nutzlose Körper nicht
zählen);
und die Kinder, zukünftige Alte und
unschuldig nur, weil noch nicht mit dem Wissen
genährt,
das sie einmal haben werden – sie spielen da,
wo die Glühwürmchen am vertrautesten fliegen.

Mir war bestimmt,
vorher zu tun
und heute zu wissen.
Skandalisieren, verraten muß man die Welt!
Sonst verliert sie sich doch
in ewiger Wiederholung ...
und wird nur von jenen besessen,
die auch nur wie die andern sind ...

Beschmutzen muß man sie und verfluchen,
damit sie herunterkommt – in Bewegung gerät
und keine ... Gewissensbisse mehr verschafft.

In diesem ›Frieden‹, der sich auf mein Leben gesenkt hat
und sich daran festklammert wie eine Jahreszeit,
die nie vergeht, ein Morgen ohne Ende
aus Frieden,
aus Arbeit,
aus nackten ernsten Dingen
(geteilt mit den Nachbarn beim Klang des Fernsehers),
aus Gesammeltheit, aus Mangel an Ausdruck
(was den Kreisen der Ordnungshüter
und Rebellen so recht ist),
aus Diskretion und Würde,
aus Familiengeheimnis (den alten und neuen
Moralisten so wertvoll), Ha! Ha! Ha!,
wie viele Gewissensbisse in diesem Frieden!
Wie danke ich den Gewissensbissen.
Dachte ich doch nur an die Vergangenheit
(natürlich die ferne, aber auch die nahe).
Mit dem Wischtuch in der Hand
dachte ich und dachte –
statt zu singen wie die anderen Hausfrauen
in ihren verrückten Tageseinsiedeleien –
mit Gewissensbissen daran ... war dieses Ostern
zu Ende gegangen.
Anhaltende Gewissensbisse waren das, oh, ja,
totale Gewissensbisse,
die mich ganz in Besitz nahmen und nie verließen.
Wegen dieser Gewissensbisse, sieh,
dachte ich nur noch
an das Böse, das ich getan hatte,
in allen seinen Einzelheiten.
Und übersah keine einzige!
Und alles, was ich getan hatte, ließ mich
– wegen der Gewissensbisse –

daran denken, was zu tun mir noch geblieben war
(und worauf ich verzichtet hatte wegen dieser
unerwarteten Rückkehr zur ... österlichen ... Tugend).
Wie ich darunter litt!
Trallala!

Gewissensbisse: Bewahrer des Leids!
Leid: welch unvergeßliche
(und nie vergessene) Lust!
Dieser Lufthauch bei sich abkühlender Nacht ...
Dieser Lufthauch bei sich abkühlender Nacht,
vor der kurzen Agonie,
läßt mich nur zurückdenken an Dinge der Liebe,
der schmutzigsten Liebe,
einziges, was nach der Agonie
wirklich verlorengeht.
Wirklich verlorengeht ...
Denn Fleisch ist sie, das verwest ...
Gerade, weil sie nur Fleisch ist
– Busen, Leib,
Schenkel und Geschlecht –,
geht sie dahin, geht
als einziges für immer verloren.
Alles andere, nun ja.
Doch im Fleisch allein ist, was mit Sicherheit vergeht.
Alles ist das, du mein Grab!

Woran ließen mich meine Gewissensbisse denken?
Ach ja, ich dachte ans Fleisch.
Aber nicht ans schöne, würdige
Fleisch von Gesicht, Schultern und Nacken:
ans Fleisch, wo es ganz Fleisch
und ganz sterblich ist.
Die Anmut eines Gesichts oder der Stolz
von Schultern oder die Unschuld eines Nackens
sterben nicht. Doch was das Tuch einer Hose
(in strenger, schier unbefleckter Zurückhaltung)
bei Steifheit beschützt und bei Schlaffheit, Farblosigkeit

und Zerknittertheit fast kindlich
– brutal unschuldig – aufzeigt, das stirbt.
Und weil es stets, nachdem es (wundersam) genossen,
zu seiner verbotenen Natürlichkeit zurückkehrt
– des Lebens lässige Gunst –, muß
man's tausendmal genießen, darf ihm keinen Zollbreit
gönnen,
seine Ferne ... sein Geheimnis ... seine Unbeflecktheit
wiederzuerlangen, wahrhaftige Tragödie ...
Nur wer mit allem, was er schänden kann, in einem fort,
Tag für Tag und Stunde um Stunde selbst geschändet wird,
der kann behaupten, daß er lebt. Denn leben heißt zittern.
Und endet dann alles, ist wirklich alles aus:
Nicht mehr ein unsterbliches Gesicht,
nicht mehr ein sterbliches Geschlechtsorgan.

Verrückter Verzicht, wahnsinniger Vorgriff auf den Tod
im Namen der Wohnungsnachbarn
– eines nicht näher definierten bürgerlichen Lebens –,
eines Vaters und einer Mutter, so groß, gewiß,
aber doch Kleinbürger und Faschisten –
und anderer hehren Ideale, die am Ende nicht zählen:
etwa Moral, Religion
und ähnlich gearteter Unsinn,
nichts als leere Lebensworte;
denn was zählt, ist nur das tiefe Schweigen,
darin man, zitternd, einen Schoß berührt.

Während meiner Gewissensbisse
träumte ich von jenem Schoß
– mit einem einz'gen Blick, im Traum, auf das Gesicht,
gerade um zu wissen, wem der Schoß zu eigen ...
besser natürlich, es war ein schönes Gesicht
– sagen wir, ein Junge mit etwas kurzer Nase,
die Oberlippe ein wenig aufwärts
wie bei einem kleinen Fisch,
das blonde Haar recht kurzgeschnitten
zu staubfeinen Stoppeln –

oder ein schwarzhaariger Junge
mit dem Mund eines halbwüchsigen Arabers,
böse, doch zärtlich wie eine Mutter ...

Oh, dieser schreckliche Lufthauch ...

Die Hose aus dem Alltag des Lebens,
Götze des Geschlechts und der Arbeit ...

Das ist es, was ich ohne Gewissensbisse will!

Seine ehrliche Brutalität will ich,
seine Forderung und seine Eile
wegen der Zuwiderhandlung an irgendeinem Abend
beim flüchtigen heiligen Samengestank.
Und ein bißchen Ironie will ich auch bei ihm,
diesem zufällig unter Jungen ausgesuchten Jungen,
die seiner Komplizenschaft im Grunde Unbeteiligtheit verleiht.

Ich erstarre, werde ganz Spannung,
das kommt vom starken Herzklopfen,
das mich Geist werden läßt,
mich aus mir selber hinauszieht.

In dieser Askese
ist allein feststellbar,
was ich tun will.

Komm, Sohn du mit Vateranspruch
oder du Vater noch Sohn,
und vollziehe dein einfaches Tun.
Da es nur irgendein Abend ist,
brauchen wir gar nichts zu respektieren
und können machen, was du bislang noch nicht kennst,
worüber sich deine Lippen auftun und lächeln.
Du gehst gleich darauf ein, bist mit dabei,
weil du ein Kind des Abends bist,
der dich nichts gelehrt und von dir nichts gefordert hat.
In deinen armseligen Wohnungen – dort drunten,

wo die ersten Lichter angehen – ist das Leben so billig,
daß man damit machen kann, was man will.

Feßle mir die Hände ...
Aber was tue ich?
Schicke mich zum Gehen an?
Geht einige Schritte

Handle ich, ehe ich mich entschieden habe?
Oder habe ich mich, ohne es zu wissen,
schon entschieden?
Ich werde zur Tat gedrängt: und weiß nur,
was ich zu tun habe.
Die Folgen sind mir bewußt.

Hier in der Nähe fließt durch die Ebene ein Fluß.
Das Frühjahr macht sein Wasser trüb, fast gelb.
(Bei normalem Wasserstand ist es blau und elfenbein,
neben der Aschfarbe und dem Rost von dürren Ästen.)
Zu diesem Fluß gehe ich jetzt – mit seinem Licht,
das die Unermeßlichkeit ... der täglich
vorüberziehenden Leben wiedergibt ...
Und verharre an jenem Ufer
von ersten Junitagen;
und vergehe dann im Wasser,
das damit eine Tragik erhält,
(doch gleich danach nur wieder
ans Weiterfließen denkt).

Aber erst gehe ich durch die ganze große Stadt
und auch über das wenige verbliebene Land
zwischen ihr und dem Fluß:
So schreite ich durch meine Gegenwart
und meine Vergangenheit.

Doch werde ich nicht allein sein, denn – zuvor –
hier, in dieser Wohnung – im Schweigen der ersten
Träume –, bin ich im Kinderzimmer gewesen.
So sind sie bei mir und leisten mir Gesellschaft.

Aber nicht zwei lebende Gefährten, zwei tote sind es dann.
Bevor ich jetzt in ihr Zimmerchen gehe, will ich
in der Küche nebenan ein Messer holen.
Und eben dazu schicke ich mich jetzt an.
Geht einige Schritte

Das ist alles!
Man wird sagen: An einem Lufthauch ist sie gestorben.

5. Episode

MÄDCHEN
Ist das deine Wohnung?

MANN
Gefällt sie dir?

MÄDCHEN
Ganz hübsch.

MANN
Zieh deinen Mantel aus ...

MÄDCHEN
Bist du sicher, daß niemand kommt?

MANN
Es ist meine Wohnung.

MÄDCHEN
Lebst du allein?

MANN
Ja. Jetzt lebe ich allein.

MÄDCHEN
Jetzt?

MANN
Einmal lebten auch meine Frau und meine Kinder hier.
In diesem Frühling sind sie weggegangen ...
und nicht wiedergekommen ...

MÄDCHEN
Brrr! Mann! Jetzt kommt die kalte Jahreszeit,
heute früh war der Himmel ganz voller Wolken ...

MANN
Beim ersten Herbstregen,
wenn der Sommer noch nicht vorüber ist ...
liebt sich's am schönsten.

MÄDCHEN
Oh, für mich ist das immer egal!

MANN
Das stimmt nicht, du Scheinheilige. Ist der Himmel bedeckt,
bist du doch lieber zu Hause.
Und machst die Fenster zu,
damit die erste angenehme Wärme
sich in dem Zimmer ausbreitet, wo du bist:
Wärme aus anderen Jahren,
die du vergessen hast,
aber doch so gut kennst, die laue,
angenehme Wärme aus anderen Jahren!
Du sehnst dich nach dem Feuer,
und dein Körper unter dem ersten Wollpulli
ist empfänglich für all die neue Kühle
mitten aus einem Himmel, der noch blau ist.

MÄDCHEN
Wie sind eigentlich deine Kinder?

MANN
Der eine ist sechs, der andere vier.
Zwei kleine Jungen, ernst wie so viele.
Manchmal kommen sie mir erwachsener vor als ich ...

MÄDCHEN
Dann kann ich also meinen Mantel ausziehen?

MANN
Das habe ich dir doch gesagt ... Der ältere ist grausam,
seine finsteren Augen sind ganz Liebe für die Mutter.
Der Jüngere hat auch diese Liebe,
doch ihm lachen die Augen, ihm ist alles einerlei,

unbekümmert und komisch ist er wie ein kleines Tier, und in seinem gravitätischen Respekt vor dem Älteren liegt so was wie spöttisches Mitleid ...

MÄDCHEN
Draußen kühl ist wirklich hübsch,
wenn's drinnen mollig warm ist.
Ja, man denkt ans letzte Jahr.

MANN
Oh, vielleicht kann man auch zehn Jahre
in die Zukunft denken ...(wenn du dann noch lebst).
Heute ist ein Tag
mitten in der Zukunft – gefällt er dir? –
an einem Sommerende,
das noch kommen muß ... Siehst du, wie rasch
die Zeit vergeht, obwohl sie doch langsam vergeht!

MÄDCHEN
Warum sagst du: Wenn du dann noch lebst?

MANN
Zieh dich aus.

MÄDCHEN
Ja, weil ich nämlich krank war.
Zwei Jahre Sanatorium, stell dir vor.

MANN
Zieh dich doch aus!

MÄDCHEN
Willst du zusehen, wie ich mich ausziehe?

MANN
Ja.

MÄDCHEN
Da muß ich aber lachen, weißt du.
Zieht sich aus

MANN
Der Sommer ist schon vorbei,
aber deine Haut ist noch braun ...

MÄDCHEN
Willst du nicht eine Platte auflegen?

MANN
Ich habe keine. Wir machen alles in der Stille.

MÄDCHEN
Was hältst du von mir?

MANN
Das, was du bist. Das Mädchen
vom ersten Tag ohne Sommersonne.

MÄDCHEN
Ja, gut so ...

MANN
Schämst du dich nicht, mir unter die Augen zu kommen?

MÄDCHEN
Nein. Warum sollte ich?

MANN
Weil du nackt bist
wie ein Tier auf der Wiese.

MÄDCHEN
Schau mich nicht so gemein an!

MANN
Hast du dich noch nie geschämt?

MÄDCHEN
Das erste Mal ein bißchen. Später nicht mehr.

MANN
Denkst du nicht an deinen Bauch?

MÄDCHEN
Was?

MANN
Dein Bauch! An deinen Bauch!
An den Winkel da unten, den alle verstecken,
den es gar nicht geben darf,
bei dem jeder so tut, als habe er ihn nicht
oder denke zumindest nicht daran,
sei davon frei ...
Auch dein Vater!

MÄDCHEN
Du bringst mich zum Lachen!
Wer kommt schon auf so was ...

MANN
Daß du ein Geschlecht hast,
hältst du für natürlich,
diese schlüpfrige Grenze
unten an deinem Bauch,
umrandet von dunkler Brandung ...
Statt dessen ist das unnatürlich ... ganz unnatürlich!
Weißt du denn nicht, wie unausstehlich und skandalös es ist,
die allgemeine Regel an sich selber festzustellen?
Genau das tust du, wenn du dich nackt vor mir zeigst ...
Damit du mich verstehen sollst ... denk an zwei Väter ...
ja, zwei Väter ... zwei erwachsene Männer,
die gar nichts mehr
von jugendlichem Leichtsinn haben ...
und sich gegenüberstehen
wie zwei Lausejungen,
mit geöffneter Hose,
und sich anschauen ...

MÄDCHEN
Hi! Hi! Wo denkst du nur hin ...

MANN
Genauso bist du, mit deinem nackten Bauch ...

MÄDCHEN
Schon gut. Ich hab ja verstanden.
Ziehst du dich nicht aus?

MANN
Nein. Ich nicht. Weil ich weiß, daß du dreckig bist,
daß ein Mann mit geöffneter Hose dir lieber ist
als ein nackter mit seiner Natur so einfach wie bei dir.

MÄDCHEN
Von mir aus mach's, wie du willst.

MANN
Tust du gern weh?

MÄDCHEN
Was?

MANN
Ob du gern weh tust.

MÄDCHEN
Dem Mann?

MANN
Du hast doch verstanden.

MÄDCHEN
Aber wie ...

MANN
Was weh tun ist?
Tut dir ein Mann weh, wenn cr
dir Fausthiebe und Fußtritte versetzt?

MÄDCHEN
Mir? Soll sich mal einer trauen,
seine Hand zu heben! Da käm er
bei mir an die rechte!

MANN
Du Armeleutekind ... Herzchen ... du ...
Fleisch, das sich sträubt, obwohl es so billig ist ...
Das kämpfen muß, aber als seinen Sieg ausgibt,
wenn es dauernd Prügel bezieht und resigniert ...

MÄDCHEN
Jetzt bist du ganz weiß im Gesicht ... Ich glaube,
du zitterst auch noch ... Was hast du denn?

MANN
Ich bin weiß im Gesicht? Ich zittere?
Vielleicht kommt es vom Licht ...
Und ... auch ich bin nicht ganz gesund.
Aber man darf nicht daran denken.
Also, *tust du gern weh*?

MÄDCHEN
Aber wie? Wie denn?

MANN
Ja ... Wer war eigentlich
als letzter bei dir?

MÄDCHEN
Sonntag vor einer Woche ... Ich weiß noch,
das war ein Junge aus Sizilien,
der in Bologna seinen Militärdienst macht:
Er hat hier Verwandte besucht ...

MANN
War er hübsch? Schwarzes oder braunes Haar?

MÄDCHEN
Das weiß ich nicht mehr ...
Jedenfalls hat er ganz wie ein Bandit ausgesehen.

MANN
Dann ... denk dir, jemand würde diesen Banditen,
der's auf seine Weise mit dir machen, dich
also wie eine Mutter an die Brust drücken

oder wie ein Vater einsperren will –
mit seinem großen sizilianischen Geschlecht –
stark wie ein Stamm und zart wie eine Frucht –
denk dir, jemand würde diesen Soldaten binden
und dir sagen: Schau hin, wieviel ohnmächtige Kraft
da vor dir liegt. Jetzt demütige sie, verwunde sie,
räche dich für seinen Anspruch, zu befruchten ...
laß ihn weinen wie einen kleinen Jungen ohne Samen ...

MÄDCHEN
lacht

MANN
Ach, dein Bewußtsein ist ebenso klein wie dein Schicksal.

MÄDCHEN
lacht

MANN
Du bist allein mit ihm. Hast ihn in der Hand. Kapierst du?
Was ihr tut, das ist nicht mehr von dieser Welt.
Geht über jede Grenze hinaus, ist ganz im Geist.
Da will sich ein starker Junge anschicken, Vater zu sein, einer,
der draufgängerisch wie ein schöner Don Quijote mit
seinen Füßen und seinem Geschlecht die Welt durchwandert,
und der ist nun zu Boden gegangen – und alles kann passieren:
alles bis auf das, was ja schon zur Welt gehört ...

MÄDCHEN
Da komme ich nicht mit ...

MANN
Allein bist du mit ihm!
Allein! Allein!

MÄDCHEN
Das weiß ich ja jetzt ...

MANN
Nimm mal uns beide…

Was für ein Friede!
Es ist der erste Abend!

Die Welt weiß nichts davon,
diese Menschen, die von der Arbeit zurückkehren.
Und – hörst du? – der Strom der Autos
kommt in dem Licht wie ein Seufzen an.

Der Mann, der sich zum Lieben anschickt – ich –,
steht zitternd, gar zähneklappernd
wie vor einem Monument
aus Fleisch und frischem Blut – du –.
Er ist in höchster Erregung.
Was ihm heilig ist in seinem ersten Sohnesalter,
macht ihn durch die Verwirklichung unsterblich.

Wisse, daß all dies wiederkommt, sich wiederholt.
Das fordert jede neue Erektion.

Mit dem ersten Mal ist es nicht getan,
weil du es doch vergißt.
In der Wiederholung suchen wir
die Premiere.

Und wir suchen immer weiter,
weil wir immer wieder vergessen.

Durch die Wiederholung erlebt man
nur das Eine immer wieder.

So wartest du, zusammen mit deinem Opfer
(das mit dir auf die Verwirklichung des Traumes wartet)
auf die Verwirklichung einer Realität,
die jede andere Realität zunichte macht.

JEDER GOTT, DER EINMAL WEGGEGANGEN IST, KOMMT WIEDER.

Es war ein Tag voller Sonne
auf jenem kleinen stillen Platz
in einer Kleinstadt oder einem Dorf
zwischen den Bergen und dem Meer,
ein Tag voll Frieden, wie er sich seit dem sechzehnten
oder neunzehnten Jahrhundert stets gleichgeblieben.
Da erschien mir Gott.
Und ist gleich wieder entschwunden.
Jede neue Erektion und deren Erwartung
und das Schämen darüber will,
daß Es sich wiederholt.
Und Gott wiederkehrt.
Packt sie und bindet ihr die Hände

MÄDCHEN
Hilfe! Was hast du vor? Hilfe!

MANN
Schweig, dummes Ding!
Oder ich bring dich augenblicklich um.

MÄDCHEN
Hilfe! Mama!
Bitte, laß mich los!

MANN
Ich tue dir ja ... vielleicht ... nichts Böses.
Vielleicht gebe ich mich mit deiner Angst zufrieden,
mit der echten, die dir wie eine Flamme in die
Visage steigt, ein wenig verdeckt von der Scham ...
und vom Gedanken, dir besser nichts anmerken zu lassen ...
Begreifst du jetzt, daß jede andere Wirklichkeit nicht zählt?
Eine Ekstase ist das, in der die Wirklichkeit verschwindet
und Gott wiederkehrt.

MÄDCHEN
Ja, aber jetzt reicht's.
Es ist schon spät, ich muß nach Hause.

MANN

Vorhin sagte ich, daß Frau und Kinder
diese Ostern fortgegangen sind.
Aber das stimmt nicht. Ich habe sie ermordet.
Nur sie mußte ich ermorden. Aber
es war schöner, alle zu ermorden.
Dann schaffte ich sie raus und warf sie in den Fluß.

MÄDCHEN

Das ist nicht wahr! Das glaube ich nicht!
Mach mir jetzt bitte die Hände los!

MANN

Weißt du, daß ich mir aus deinem Tod
nicht das geringste machen würde? Weil es
außer dem Tod doch nichts gibt – es sei denn die Lust.
Weißt du, daß du vielleicht nicht mehr nach Hause kommst?
Daß du deine Mutter nicht wiedersiehst?

MÄDCHEN

Was sagst du da? O Gott . . .

MANN

Hier bleibst du
in meiner Gewalt,
weil du ein kleines Mädchen bist
mit Händen, gerötet von Arbeit, und
mit einer ersten angedeuteten Falte auf der Stirn . . .
Ein wenig wie ein kleiner Junge bist du, Mädchen,
bist wie er so abenteuerlustig und vertrauensselig.
Unten an deinem Bauch den Schlitz
gibst du einem Mann aus purer Freundschaft, nicht wahr?
Dann lerne jetzt, so großer Freundschaft zu vertrauen!

MÄDCHEN

Du redest wie ein Irrer!
O Gott! Laß mich gehen . . .

MANN

Ich will dich hundertmal besteigen, und zwischendurch...
dich mit Fausthieben und Fußtritten traktieren
wie ein besoffener Ehemann...

MÄDCHEN

Nein, Schluß jetzt! Mama!

MANN

Fausthiebe und Fußtritte,
denn anderes verdienst du nicht
mit deiner Unschuld!
Ich ersticke vor Verlangen, mich gehenzulassen
und wirklich Schluß zu machen.
Schlägt sie

MÄDCHEN

Nein, nicht! Nicht auf den Rücken!

MANN

Wieso nicht? Ich schlage dahin,
wohin ich will...
Schlägt sie wieder

MÄDCHEN

Bitte nicht auf den Rücken! Ich war im
Sanatorium! Ich hab's dir doch gesagt!

MANN

Haaa! Das weiß ich... Aber du weißt nicht,
was du mir da Schönes gesagt hast!
Im Sanatorium, wie die armen Leute...
Hündin, du arme Hündin,
die in ihrem Hurenkleidchen hergekommen ist...
um mich zu rühren... bei strotzender Gesundheit, armes Kind,
trotz deiner durchlöcherten Lungen...
Arm bist du, und das Leben prügelt dich.
Stimmt's? Und ich mach's wie das Leben.

Schrei jetzt, denn nachher wirst du stumm sein:
denn morgen früh – falls ich dich nicht umbringe –
hast du dich dareingeschickt und gehst
deiner Wege, als wäre nichts geschehen!
Überleben ist alles, du heilige, du liebe Hure!
Triumphierend wirst du von deiner Geschichte erzählen
und dann den nächsten Mann finden; denn das Leben
wirft dich hin und her, und du
gehst deinen Weg als Heldin. Ist's nicht so?

MÄDCHEN
Ja, es ist so. Aber jetzt laß mich gehen.

MANN
Ich denke nicht daran!
Schlägt sie wieder

MÄDCHEN
schreit

MANN
Wenn du da erst auf dem Boden liegst,
geprügelt wie ein Stück Vieh,
dann mache ich vielleicht die Hose auf und lasse,
obwohl ich weiß, daß er keine tierische Unschuld
und Frische besitzt, meinen Urin über dir ab.
Verstehst du? Über diese unanständigen Augen
allzu idiotischer Harmlosigkeit,
über diesen Busen heiliger Schamlosigkeit!
Schlägt sie wieder

MÄDCHEN
schreit

MANN
Ha! Dachtest du denn, ich mache Spaß?
Dachtest du, ich will nicht WIRKLICH . . .
Hört unvermittelt mit Schlagen auf; wankt

Oh, mir ist übel...
Der Schweiß steht mir auf der Stirn, ich zittere...
Wie, wenn wirklich... Mir ist übel...
O Gott!
Erbricht sich

So mußte es kommen.
Etwas zieht mich hinab....
Gott, was für eine Hitze im Kopf!
Vielleicht verliere ich die Besinnung...
Wenn das Sterben so ist...
Ich nehm's mit Ergebung...
Denke an nichts mehr.
Fällt ohnmächtig in das Erbrochene. Das Mädchen kann sich die Hände losmachen, zieht die Schuhe an, wirft sich den Mantel über den nackten Körper und rennt hinaus.

6. Episode

MANN
sich wieder erhebend
Es gab da eine kleine Musik von Engeln
an meine Schädeldecke.
Ich folgte ihr aufmerksam und andächtig.
Ich wußte gar nicht, daß einem so wohl sein kann,
wenn man wie ein Sack in die eigene Kotze fällt.
Festliche Instrumente waren es, weit weg,
wie die letzte farbige Wolke
nach der Vernichtung der Welt ...

Ich war ohnmächtig geworden, habe mich erbrochen:
Wieviel Friede
vom Erbrechen bis zu den Tränen!

Wo ist sie denn hin?

Vollkommene Einsamkeit.

Um mich herum ... die Zeichen der neuen Realität:
eine Wohnung voll unnatürlicher Stille;
ein absurder Strick; einige Kleiderfähnchen;
einige anklägerische Reste von Erbrochenem.
Was sagen mir alle diese Zeichen?
Sie sagen, daß diese Wirklichkeit nicht mir gehört.
Nur noch den anderen gehört sie jetzt
(Hausnachbarn, Kollegen ... und ein paar Polizisten,
Gottes Schergen).

Viele Augenpaare, denke ich, werden diese Zeichen sehen.
Werden sie begreifen. Also nimmt man mir,
nach einer langen Entwicklung, meine Wirklichkeit weg.
Sie geht wieder an ihre rechtmäßigen Eigentümer

im grauen Gedächtnis der Welt.
Entkleidet sich

Irgendwo stand es geschrieben,
stand schon immer geschrieben:
Und ich wollte es nie lesen.

Aus einer weißen Larve erwuchs
in seiner unanständigen Unschuld
ein Junge, bartlos,
mit braunem, schon gealtertem Haar,
ernster kleiner Dienstbote der Welt.
Lebte in der Familie und ging zur Schule,
war zu allem bereit und bewandert
in jedweder Hinnahme, war der Gewohnheit
des Lernens verschrieben, um einer
gemeinsamen Zukunft würdig zu werden.
Ich bin noch dieser bartlose Junge aus der Larve.

Aber dann, der erste Flaum!
Die ersten Tropfen Sperma!
Aaaaah!

Und in wenigen Wochen wurde ich wieder
zur stummen Larve mit dem niedrigen Lächeln,
die nur trachtet, Leben zu saugen.
Solches ist mir widerfahren.
Doch, noch einmal: Stets glaubte ich (oder nahm mir vor),
jener bartlose Junge, wohlgelitten von der Welt, zu sein.
So sage ich, auf mein Gewissen:
Ich habe die Welt akzeptiert!
Ich habe meinen Kopf gesenkt!

Aber das Larven-Kind – und der Mann,
der ihm dann hörig gewesen –
haben es anders gewollt.

Mein Wille zur Normalität
fiel am Ende nicht ins Gewicht:
Das stand geschrieben, und das wollte ich nicht lesen.

Nun gilt mein schrecklicher Schmerz eines Sterbenden
nur dem wahrhaft Einzigen, das ich liebe:
dem so oft zerkauten, nie verschlungenen Fleische meiner Mutter.
Und doch ist es nicht dieser Schmerz, der am meisten zählt.
Hat sich inzwischen völlig entkleidet

Ich habe die Entwicklung durchgemacht,
ein ANDERSARTIGER zu sein. Mir widerfuhr dies.

Was war dabei die Absicht der Welt?

Damit die andern vielleicht sich für die Gerechten hielten?
Und folglich, mit sich selbst im reinen,
dem Gang des Lebens folgen konnten?
Und ich nun durch mein Sterben hier
nur diese meine Obliegenheit erfülle?

Muß denn ein Mann, dem das verdammte Schicksal
auferlegt hat, ANDERSARTIG zu sein,
sein ganzes Leben lang stillhalten
– gezeichnet, registriert – in seiner Andersartigkeit?

Haben denn die andern (die netten, rührenden Normalen)
allein das Recht, voranzukommen, sich also
zu entwickeln und die Geschichte zu bestimmen?
Für mich, den ANDERSARTIGEN, und
alle meine Leidensgenossen (Schwarze, Juden)
demnach nichts. Keine Geschichte.
Schicksal der Unbeweglichkeit, vom Haß vorausbestimmt.
Vom Haß der Brüder, sage ich,
die mit Evolutionen und Revolutionen, Sittenlehren
und Religionen Schritt um Schritt doch weitergehen.

Nein!

Mit Inbrunst diese Regel befolgend, war ich
nach meiner Pubertät – wie ich mir in diesem
geistreichen Monolog bereits gesagt –
ein biederer Erwachsener, der sich

mit dem guten Glauben eines Schülers nicht nur
allen Regeln des Spiels (sag: der Gewalt) unterwarf,
sondern gar noch hingebungsvoll akzeptierte,
daß man über seine ANDERSARTIGKEIT das Urteil sprach!
Unglaublich!

Und jetzt, warum
lehne ich mich endlich jetzt dagegen auf?
Sammelt die Kleidungsstücke des Mädchens, um sich damit zu kleiden; beginnt mit den Strümpfen

Das Markenzeichen dieser erbärmlichen Strümpfe
einer Vorstadtkleinbürgerin
bezeugt unmißverständlich zweierlei:
erstens ihre Vergänglichkeit, und
zweitens ihre Zugehörigkeit zur Macht.
Eine Boutique, durchflutet von schrecklichem Rosa
– wie es eine nie gesehene Allee der Stadt überkommt,
beherrscht von einem phantastischen Sonnenuntergang –
Rosa, das nur dem süß und vertraut ist, der hier wohnt –
gerade hatte es zu regnen aufgehört . . . und bei all dem Rosa
erstand der Mond, voll von fataler Logik . . .
Hat die Strümpfe angezogen, greift nach dem Strumpfhalter

Erstens: die Vergänglichkeit;
zweitens: ein Plätzchen in der Welt der Macht.
Zwei hübsche Ausreden, um ungestört andersartig sein zu können.
Ach, lieber Tod, wie warst du mir doch nützlich,
um vorzutäuschen,
die Zeit sei nichts, sie gehe nicht vorüber.
Und daher sei es von mir rechtens, mich ruhig zu verhalten,
hingegeben allein meinen wundervoll göttlichen Schweinereien!
Ein Strumpfhalter für ein paar lumpige Lire.
Eine Liebe, eine vulgäre, beklagenswerte Liebe.
(Liebe dessen, der nichts weiß, aber – weil auch junge
Huren oder Dienstmädchen wie alle Kreaturen alles wissen –

was für eine Ungeheuerlichkeit dieses Nichtwissen!)
(Zwischen Unschuldigen und ANDERSARTIGEN gibt es sicher
Ähnlichkeit:
Aber welch ein Abgrund trennt die Unterwürfigkeit der
Unschuldigen
von der Unterwürfigkeit der ANDERSARTIGEN!
Die ersten werden nie angeklagt, auf der Stelle zu treten
– in der Geschichte, ja, Geschichte ... – während die
andern ...)
Strumpfhalter einer Jahreszeit, verdammt,
du hast mich mit dir spielen lassen wie eine Katze,
die nichts weiß, schnurrbärtige Unschuldsmaschine ...
Ich leckte dich und kratzte dich mit der ganzen
leidenschaftlichen Erregung ... eines Wahnsinnigen,
der im Leben prächtig etabliert ist.

Ja, ich war vor den Kopf gestoßen von der Erpressung
der Religion. Doch kam mir, ich wiederhol's, dieser Terror
sehr zupaß, weil er mich vor allem und jedem erschreckte;
so beugte ich den Kopf und verschloß mich in mein Gehäuse,
wo ich dann, großer Gott, alles tat, wonach mir war.
Hat sich den Strumpfhalter übergezwängt; ergreift den Schlüpfer

Da, Schlüpfer meiner Mutter!
Erstens: die Vergänglichkeit – darum die Resignation.
Zweitens: die Allgegenwart der Macht – darum die
Hypokrisie.
Blinder Schlüpfer, schandvoller Beutel.
Gewiß doch werden wir wieder zu Staub: was uns
einesteils davor bewahrt, wahnsinnig schweinisch zu sein
und andernteils dem zu gehorchen, der will,
daß man nie von dir spricht
und du Quell des Schweigens bist.
Hat den Schlüpfer übergestreift, nimmt den Unterrock

Entsprechendes ist zu diesem Unterrock zu sagen.
Verbunden mit Fernsehschlagern und dergleichen.

Natürlich. So gibt's Geheimnisse! Wer will behaupten,
daß ein Kleinbürgerleben nicht auch geheimnisvoll sein kann?
Auch solch Leben ist mit Sicherheit geheimnisvoll:
wie jenes beispielsweise eines alten Griechen.
Unergründlich ist es: denn seine Häßlichkeit nebst
seiner Vulgarität (was mir, sieh an, erst jetzt bewußt wird)
kann es nicht hindern, Wirklichkeit zu sein. Das Böse ist ohne
Grenzen. Ich akzeptierte diesen leicht vulgären Unterrock;
akzeptierte seine jedermann
zugängliche Gunst, seine von den Verquickungen
des Reichtums gewollte Unschuld. –
Eine Unschuld: die vom Tode mit dem
Grundsatz der Ergebung ausgestattet wird.
Hat den Unterrock angezogen, ergreift den Rock

Bist nicht du der Rock aus leichter Wolle,
den man trägt, wenn der Sommer aufhört?
Du, auch du sagst nur,
daß die Zeit, die alle Hoffnungen schon im Keim erstickt,
über dich hinweggegangen ist.

Ja, dieses ist wichtig, und ich will es unterstreichen:
Der Tod, der die Orgie zugesteht,
macht, wesensbedingt, die Hoffnung zur Torheit.
Hat den Rock angezogen

Ihr kommt nicht von den Bergen auf dem Mond,
ihr Zeichen meiner neuen Wirklichkeit.
Neu sage ich nicht ohne jeden Grund.
So neu, daß jede ausprobierte
Neuigkeitsidee zerfällt. Denn:
Als ihr die Zeichen meiner alten Realität gewesen,
gab es nur zwei Möglichkeiten: Erstens, mit der Ausrede
... der Hinfälligkeit (das heißt Resignation) sich der
Autorität zu unterwerfen und dies großartige Schweineleben

zu führen ... zweitens gleich Schluß zu machen und sich
einen großartigen Tod zu geben (wie im Verlauf dieser
Tragödie bereits geschehen).
Jetzt aber ... zeigt sich eine dritte ...
revolutionäre ... Möglichkeit!
Euer Sklave bin ich gewesen, ihr Dinge meines Lebens:
Folglich wart ihr die Zeichen meines Gehorsams.
Doch jetzt bin ich nicht mehr euer Sklave! Haha,
eure normale Funktion habe ich ins Gegenteil verdreht!
Und so seid ihr morgen Zeichen meiner neuen Realität.
Wieviel werdet ihr reden, wieviel schreien, ihr
(wahnsinnig gewordenen) banalen Gebrauchsartikel,
an Worten in Stummheit und Resignation!
Nimmt Lippenstift und Puder aus der Handtasche; schminkt sich

Ich wiederhole: Im Namen des Todes,
den ihr mir mein Leben lang gepredigt habt,
ihr Kleinigkeiten, verleugnete ich das Bewußtsein meiner
Andersartigkeit. So hatte sie keine Geschichte.

Sie blieb immer auf der Stelle stehen, genau wie ihr.
Jetzt aber, und noch einmal sag ich's,
laß ich euch plötzlich eine andere Sprache sprechen.

Oh, bei wievielen Anlässen, in wievielen Stunden
meines Aufwachsens und meiner Jugend,
zu Hause und in der Schule,
auf den Straßen im Zentrum, voll bekannter
Gesichter wie Masken, und auf den Straßen der
Peripherien ... wo noch das schreckliche Rosa
aus jenen Pfützen leuchtet ...,
WIE OFT HÄTTE ICH DA REBELLIEREN KÖNNEN!
Statt dessen habe ich ein für allemal – ich wiederhole,
wiederhole –
einen grausamen Loyalitätseid geschworen.
Nun schicke ich mich an, ihn zu brechen.
Meine Sprache wird im ewigen und eigentlichen

Sinn eine stumme Sprache werden... Wer aber
morgen früh kommt und aufblickt,
sie zu entziffern, wird begreifen,
zu welch schrecklicher, noch nie ausgedachter
Macht
mein Freiheitsverlangen herangewachsen wäre,
hätte ich meinen Instinkt besiegt, durch den
der Tod alle Hoffnung
für unnütz erklärte.
Die paar Menschen, hergebracht von der Sonne,
gesandt von der unermeßlichen Welt der Geschichte
(schweigend die Hausnachbarn, mit ihrem tristen Schweiß
die Polizeibeamten, vom Lande die Krankenträger. Ich seh
sie!),
diese paar Menschen stehen dann unweigerlich vor einem
neuen
Ausdrucksphänomen, so neu, um über alle Maßen
skandalös zu sein
und wirklich ihrer aller Lieben
in den Dreck zu ziehen.

Dieses (was, ich wiederhole, im Verlaufe der Tragödie
schon einmal geschah) tue ich wahrhaftig nicht,
weil ich allen Sinn für das Gesetz verloren hätte,
sondern, weil ich ihn wiederfand und... MEIN URTEIL FÄLLTE.

Nun, der Bonze ist bereit.
Trifft die notwendigen Vorkehrungen, um sich
an der Zimmerdecke zu erhängen.

Sonne, stehe still über Gibeon, und Mond, im Tale Ajalon!
Steigt auf den Stuhl, legt sich die Schlinge um den Hals

Freut euch!
In einer der vielen Wohnungen dieses Bezirks
hat endlich einer
– aus Trauer, Neurose oder Öde des Feiertagnachmittags –
guten Gebrauch vom Tod gemacht.

Der Schweinestall

Personen

JULIAN, 25 Jahre alt
IDA, 17 Jahre alt
VATER Klotz
MUTTER Bertha
HANS-GÜNTER
HERDHITZE, ehemals HIRT
CLAUBERG, ehemals DING
SPINOZA
MARACCHIONE
Ein Diener
Bauern und Landarbeiter

Ort der Handlung: Bad Godesberg
Zeit: 1967

1. Episode

JULIAN
pfeift

IDA
Julian!

JULIAN
Mit dem ersten Frühlingstag kommst du an, hurra!
UND ICH WEISS NICHT, WER ICH BIN, hurra!
Gleich reden wir wie zwei Idioten, hurra!
DU LIEBST MICH, ICH ABER LIEBE DICH NICHT, hurra!
Aber liebtest du mich nicht, wäre ich ganz verzweifelt.
Wir haben keinen friedlichen Frühling.
Das Rheinland brennt lichterloh, hurra!
Und sagte ich auch nicht Ida zu dir, sondern Ulla:
Meine Worte haben doch nichts zu bedeuten.

IDA
Sei doch vernünftig.
Julian, du bist jetzt fünfundzwanzig.
Und an diesem Frühlingsanfang
hast du auch Geburtstag.
Wie du weißt, bin ich heroisch.
(Heroisch, wie Frauen zu gebildeten Männern,
heroisch, wie reife Frauen zu kleinen Kindern,
heroisch, wie kleine Mädchen zu bösen Vätern.)
Aber ich bin keine fünfundzwanzig, sondern erst siebzehn:
Geburtsdaten sind wichtig, nicht wahr? Und ...

JULIAN
Heroische Ida.
Was soll da schon wichtig sein!
Ich, und fünfundzwanzig? Ich wußte es gar nicht.

Aber ich wußte genau, daß du siebzehn bist.
Denn ... alles, was mit mir geschieht, ist mir sehr wichtig.
Und gar nicht wichtig, was mit den andern geschieht.
»Ida ist siebzehn«, kann ich mir sagen, ohne zu leiden.
Doch BEI ALLEM, WAS ICH ÜBER MICH SAGE,
leide ich entsetzlich.

IDA
Julian, wir sind zwei reiche Bürgerliche, du und ich.
Das Schicksal, das uns zusammenbrachte,
hat keine zwei Gesichter. In uns selbst,
und mit großer Natürlichkeit, hat es uns zugelächelt.
Und wir beide müssen uns jetzt selbst analysieren,
WIE DAS UNSER VORRECHT IST.

JULIAN
Kein Kommentar. Über mich
zu sprechen, bereitet mir Schmerzen.

IDA
Was für welche?

JULIAN
Unvorstellbare.

IDA
Ja, aber heute ist doch Frühlingsanfang
und dein Geburtstag und ...
der Tag für unsere Aussprache.

JULIAN
Wie mich so etwas anödet.
Lieber würde ich mir einen Drachen bauen und
dahin gehen, wo Godesberg ganz einsam ist.

IDA
Hahahahaha! Da muß ich ja direkt lachen.
Mit so einer Kehrtwendung hast du dich noch immer
aus der Schlinge gezogen.
Der glückliche Julian!

Stets hat er sich einen brennenden kindlichen Wunsch
zu erfüllen! Stets hat er sein Glücks- und Ferienparadies
prompt zur Hand! Und stets hat er sein dunkles Ziel!
Aber meine siebzehn Jahre sind ja siebenundvierzig
(uneingestandenes Alter deiner Mutter). Und was dir
deine kleinen Flügelschläge einbringen, weiß ich.
Doch heute bestaune ich nicht mehr verwirrt und zitternd
deine unerhörte, unerlaubte Zuversicht,
mit einem Drachen in Richtung Köln zu laufen.
Im Gegenteil, ich halte dich hier fest:
damit wir über uns sprechen.

JULIAN
Wenn du stürbest, Hübsche, ich würde
mich nicht mal fragen, wo man dich begraben hat.

IDA
Du hast mich schon mal geküßt.
Stimmt's oder stimmt's nicht?

JULIAN
Da muß ich mich direkt am Kopf kratzen.

IDA
Warum bist du eigentlich so unglücklich . . .
wo du doch so leicht und beschwingt bist?
Und betrachtest, wo du doch so feinsinnig bist,
die Dinge wie ein Viehhändler sein Vieh,
grausam und achtlos?

JULIAN
Keine Antwort.
Hab nichts mit dir zu tun, mit dir da,
auch nicht, hießest du Ulla und nicht Ida.

IDA
Schön, dann will ich spielen, ich hieße Ulla:
Und du wechselst von Julian auf »Adolf«.

JULIAN
Ulla und Adolf, hurra!
Und jetzt?

IDA
Haben wir uns verfremdet.
Ich bin nicht mehr siebzehn, sondern ... achtzehn!
Und du bist nicht fünfundzwanzig, sondern ...
dreiundzwanzig.
Wir sind auch nicht im Rheinland, sondern ...
sondern ... in Italien. Beispielsweise in Sizilien.
Du bist gar nicht blond wie ein Strohbesen,
angenäßt mit deutschem Weihwasser,
der einen umhaut, wenn man ihn anfaßt,
du himmlischer Feger, goldig und schmal (mein Liebling).
Jetzt bist du gedrungen und weich, mit schwarzem Haar
(bist Nachfahre von Emiren), und deine Haut ist so fahl,
daß sie schier grünlich ist: aber gesund. Du bist
gesund, Julian, nein, Adolf, nein, Adolfo; ach, was:
Salvatore will ich dich nennen oder Carmelo ... oder gar
Lucio.
Und ich, weiß wie ein Fisch, bin eine kleine Sizilianerin,
schon ein bißchen fett, aber sehr wertvoll, weil Jungfrau.
Also bin ich nicht Ulla, sondern Grazia oder Maria.
Lucio und Maria sind beisammen.
Nicht in einem Garten über einem trüben, fahl ins Violette
schimmernden Teich mit einem Grün ohne Schatten
ringsum.
Wir sind am Gestade des Ionischen Meers.
Hinter uns eine kleine Senke mit Mandelbäumchen,
unter unsren Füßen Felsen wie umgefallene Throne.
Wie kommst du dir so als Lucio in Sizilien vor?

JULIAN
Wunderbar.

IDA
Meinst du nicht, daß Lucio die Maria küssen würde?

JULIAN
Ich meine, er würde sie sogar besteigen.

IDA
Wunderbar.

JULIAN
Aber ich bin Julian: Ich will dich nicht küssen
und ebensowenig besteigen. Ich liebe dich nicht.
Eine großartige Idee, Lucio zu sein.
Doch mein Vater ist ein rheinischer Industrieller, und du
bist ein kleines bayerisches Mädchen:
wenig Klasse, aber viel Heroismus.
Nimm dir doch einen Rucksack
und trampe nach Syrakus!
Die Italiener sind sehr nette Menschen.

IDA
Was machst du ohne mich?

JULIAN
Das sage ich nicht.

IDA
Leiden wirst du.

JULIAN
Wenig, aber ganz wenig werde ich leiden: Mein Hof
wird dann keine Hauptfigur mehr haben.
Aber Höfe sind letztlich bedeutungslos. Voilà.

IDA
Nach Geschlecht ein Mann und
nach Namensregister Julian,
kennst du dich gar nicht: So sagst du immer.
Magst du dich nicht kennenlernen?

JULIAN
Dazu habe ich keine Lust.

IDA
Warum nicht?

JULIAN
Wie ich jetzt bin, fühle ich mich wohl:
Das Vorrecht des Besessenen.

IDA
Hier, in diesem Tempel des italianisierenden Großvaters,
geräumig gebaut wie ein Mir für tausend Seelen,
wo freilich ein Kaiser ganz allein zu Gast war,
zwischen monochromer Freskenmalerei,
nur Schnee und gelbe Chinarinde,
bist du Kind gewesen: Was ist mit dir geschehen ...

JULIAN
Was mit mir geschehen ist ...?

IDA
Was mit dir geschehen ist,
das dich gar nicht mehr losläßt,
das dich abblockt, verwundert ...

JULIAN
Oh (in dieser weiträumigen italianisierenden Villa),
bestimmt ein Nichts ... Ein verwehtes Blatt,
eine quietschende Tür ... ein fernes Grunzen.

IDA
Immer machst du Witze,
aber nicht besonders geistreich.

JULIAN
Sähst du mich einen einzigen Augenblick,
wie ich wirklich bin, du würdest
entsetzt davonlaufen und einen Arzt
oder gar einen Krankenwagen bestellen, hurra!
Julians Eltern treten ein.

VATER
Immer Geheimnisse, ihr beide.

MUTTER
Laß sie doch, Vater.

JULIAN
Es gibt gar keine Geheimnisse, Mama.

MUTTER
Demnach auch keine Verlobung?

JULIAN
Davon kann keine Rede sein.

VATER
Hahaha! Ein starkes Stück!

MUTTER
Wirklich nicht, Ida?

IDA
Wir haben uns statt dessen entschlossen,
eine Reise nach Sizilien zu machen.

VATER
Oh, Taormina! Traumhafte Gegend!

IDA
Sind Sie schon einmal dort gewesen, Herr Klotz?

VATER
Jawohl, kleine Ida. Im Krieg.

MUTTER
Wie schade, daß ihr euch nicht einig seid.
Mein Julian braucht eine Kameradin:
niedlich und süß und wirklich verliebt.

IDA
Wer sagt Ihnen, daß ich verliebt bin?

VATER
Es gäbe mit Sicherheit eine feine Heirat.

JULIAN
Mit unserm Vermögen und mit ihrem
würde ich dann sicher zum Herrn
von halb Westdeutschland:
Wolle, Käse, Bier und Knöpfe,
die Kanonen gar nicht mitgezählt.

IDA
Hurra!

MUTTER
Wie ich sehe, versteht ihr euch:
Eine zauberhafte Verschwörung.

2. Episode

IDA

Feigling!

JULIAN

Mein größter Vorzug ist eben der,
daß ich mich nicht umdrehen lasse.

IDA

Nicht umdrehen: Sei's drum.
Weshalb kommst du dann nicht mit nach Berlin,
dich am ERSTEN und VIELLEICHT EINZIGEN
deutschen Friedensmarsch zu beteiligen?

JULIAN

Weil ich heute, an diesem Tag
im August 1967, keine Meinung habe.
Einmal wollte ich schon eine haben
und tat auch meine Pflicht.
Aber damit ist mir klar geworden, daß ich
auch als Revolutionär nur ein Konformist bin.

IDA

Der Konformismus wird dir andere Sorgen bringen:
beispielsweise,
dich um die Industrien deines Vaters kümmern zu müssen.

JULIAN

Gewiß. Doch er bewahrt mich vor dem Terror.

IDA

Du weißt genau, was du willst.

JULIAN

Du ja auch.

IDA
Es ist August. Und zum ersten Mal bewegen sich
die Jungen in Berlin. Zehntausend werden
aus Protest gegen die Mauer pissen.
Und drüben die Kommunisten haben das Nachsehen ...

JULIAN
Du kannst ja so was nicht ...

IDA
Ich bin ein männliches Mädchen:
Auch ich werde pissen.

JULIAN
Aber ich habe anderes zu tun.

IDA
Was?

JULIAN
Das sage ich nicht.

IDA
Bitte sag's.

JULIAN
Nein.

IDA
Sag's mir doch!

JULIAN
Nein.

IDA
Ich will es aber wissen!

JULIAN
Du wirst es nie erfahren.

IDA
Wenn ich dich aber bitte!

JULIAN
Völlig zwecklos.

IDA
Was tust du?

JULIAN
Mein Gott, ich sag's dir nicht!

IDA
Aber warum nicht?

JULIAN
Soll das jetzt kein Spaß mehr sein?

IDA
Ich habe nie Spaß gemacht.

JULIAN
Willst du's denn wirklich wissen?

IDA
Ja, ja, ja, ich will's wirklich wissen!

JULIAN
Und da kommen dir sogar Tränen?

IDA
Ja, ja, ja, mir kommen Tränen!

JULIAN
Dumme Gans.

IDA
Aber ich weiß doch nie, was du tust,
was du denkst, was du bist – nie, nie, nie!

JULIAN
Bist du jetzt eingeschnappt, weil ich nicht nach Berlin
komme, um wie ein Trottel Spruchtafeln zu halten,
die den Terrorismus von jungen Bürgerlichen dem
Terrorismus von alten Bürgerlichen gegenüberstellen?

Da wäre ich fehl am Platz und hätte
einen ... verfremdeten Blick.
Weil mir nichts von dem zu eigen ist,
was der Allgemeinheit zu eigen ist.

IDA
Ich weiß nur, du bist ein widerlicher Individualist,
was unsern Marsch auf Berlin betrifft.

JULIAN
Ja, teilweise grunze ich wie mein Vater: Aber
ich gebe dir noch lange nicht das Recht, es auszusprechen.

IDA
Und ich spreche es doch aus:
Du stehst auf der Seite deines Vaters!
Wer das Nichts will, wie du,
der will die Macht.

JULIAN
Dein Vater hat doch auch die Macht.

IDA
Ich würde dich lieben, auch wenn du ein Schwarzer wärst.

JULIAN
Das kratzt mich wenig und interessiert mich gar nicht.
Meine fünfzig konformistischen Teile sind angeödet.
Meine fünfzig revolutionären Teile liegen brach.
Das Ganze will seine Ruhe haben und seine Lust ...

IDA
Was für eine?

JULIAN
Zahllose Wiederholungen eines einzigen Etwas.

IDA
UND DAS IST?

JULIAN
Was ich dir vorhin sagte ...

Was ich eben tue, wenn du und Genossen
unter idiotisch puritanischen Spruchtafeln
gegen die Berliner Mauer pissen.

IDA
Sagst du mir, Julian, was du machst ... wenn
deine Altersgenossen, die besten der Nation,
ZUM ERSTEN MAL demonstrieren, dann
will ich sogar meinen Heroismus heroisch überwinden
und sie im Stich lassen und hierbleiben bei dir.

JULIAN
Selbst wenn du außer deinen Genossen
dich selbst und die Wahrheit im Stich läßt,
wirst du nie und nimmer erfahren, was ich tue.

IDA
Mit welchem Recht willst du es mir verheimlichen?

JULIAN
Es ist mein Recht. Und basta!

IDA
Was hast du eigentlich davon?

JULIAN
Zumindest sehe ich, wie du
weinst und leidest, trallala!

IDA
Und prompt werde ich weinen und leiden, trallala!

JULIAN
Ein Nichts ... ein verwehtes Blatt ...
eine quietschende Tür ... ein Grunzen ...

IDA
Was soll das?

JULIAN
Weine nicht, Suse. Wie langweilig. Also
gut, ich pisse mit euch gegen die Berliner Mauer.

3. Episode

VATER

Mir ist zu Ohren gekommen, daß unser Sohn
mit diesen kommunistischen Studenten
nach Berlin wollte.

MUTTER

Ja, aber er ließ es dann bleiben.

VATER

Wie kam er nur auf so einen Gedanken?

MUTTER

Ida.

VATER

Ida ist doch erst siebzehn.

MUTTER

Gewiß. Und Julian fünfundzwanzig.
Und drüben wartet er.

VATER

Ist er für mich oder gegen mich?

MUTTER

Wer weiß das schon!

VATER

Die Zeiten von Grosz und von Brecht sind keinesfalls vorbei.
Grosz hätte mich sehr wohl als fettes Schwein zeichnen können
und dich als fettes Mutterschwein,
bei Tisch natürlich: mich mit dem Arsch
einer Sekretärin auf den Knien, dich
mit dem Ding des Chauffeurs in der Hand.

Und Brecht, Gott hab ihn selig, hätte uns die Rolle der Bösen
in einem Stück geben können, wo die Armen nur gut sind.
Doch was ist mit Julian?
Worauf wartet er, um fett wie ein Schwein zu werden?
Worauf wartet er, um die Armen zu beschenken
und mit ihnen einen schönen Plattler zu tanzen?
Oder ... worauf wartet er, um
mich als Schwein zu titulieren?

MUTTER
Und mich als Mutterschwein?

VATER
Überlegen wir. Du und ich, wir sind verbündet:
Du Mutter-Vater, ich Vater-Mutter.
Sanftheit und Härte
umhüllen ihn.
Vielleicht haben wir etwas falsch gemacht?
Vielleicht hättest du ganz Mutter und Sanftheit
und ich ganz Vater und Härte sein sollen? Aber ich
bin nicht schuld, daß nur ich die Klassiker las und du nicht.
Daß du ein preußischer Drache bist und ich ein wenig Edelfrau.
Welch komplizierter Rollentausch!
Aber das Bonner Deutschland, verflixt,
ist doch nicht Hitlerdeutschland!
Sanftheit und Härte sind hier vermischt,
man produziert hier Wolle, Käse, Bier und Knöpfe
(die Kanonen sind Export).
Im übrigen war bekanntlich Hitler auch ein wenig Weib,
obgleich, wie man weiß, ein mörderisches: Jetzt
ist unsere Tradition schon eine ganz entschieden bessere.
Ich bin Mutter, ja, doch liebevoll. Was nun?
Die mörderische Mutter, die hatte folgsame Söhne mit
soviel verzweifelter Liebe in den blauen Augen!
Und ich, liebevolle Mutter, habe diesen Sohn,
der nicht gehorsam und nicht ungehorsam ist?

4. Episode

IDA
Nun, hast du Jenes getan,
während ich in Berlin war?

JULIAN
Weißt du, Ida . . .
Darf ich dir einen Antrag machen?

IDA
Was für sonderbare Augen . . . fast wie die meinen.
Einen Antrag? Oh, mach ihn mir, Julian!

JULIAN
Ich möchte dir einen Kuß geben.

IDA
Einen Kuß? Oh, Julian, du weißt ja gar nicht,
wie mich das freut. Tanzen, singen,
springen möcht ich wie ein Hündchen,
in die Hände klatschen könnt ich.
Julian will mich küssen! Julian will mich küssen!
Eine Freude, schöner noch als Sonn und Sterne!
Wem soll ich's verkünden? Wem mein Herz ausschütten?
Wem, lachend und weinend, dafür danken?
. . . .
Aber von dir, Julian, laß ich mich nicht küssen.

JULIAN
Ach, so. Und wie war's in Berlin?

IDA
Gut war's in Berlin.

JULIAN
Was stand auf deiner Spruchtafel?

IDA
Nichts von Bedeutung: »Nieder mit Gott!«

JULIAN
Und wie waren die andern?

IDA
Die andern ... sympathisch ... nett ... mutig.
Aber der Grund für ihr Kommen war eigentlich nicht klar.
Es war, als hätten sie sich abgesprochen, wie
... sie sein sollten. Alle waren sie gleich, wie
Soldaten ohne Disziplin ... Ihre Disziplin war
Pflicht ohne Regel ... vielleicht mit einer Prise Erpressung,
weil sie so jung waren ... Und so weiter, und so fort:
Aber was geht dich das an?

JULIAN
Dich geht's aber sehr viel an ...

IDA
Ich weiß nicht recht.

JULIAN
Na, ja. Jetzt unser Kuß.
Warum willst du nicht,
daß ich dich küsse, Ida?

IDA
Oh, Julian, ich habe meinen Stolz!

JULIAN
Was für einen Stolz (trallala)?

IDA
Nicht den einer Frau, nicht den eines Mädchens ...
aber den meiner Freiheit (trallala).

JULIAN
Bist du frei, wenn du mich liebst?

IDA
Ich bin frei, mich nicht küssen zu lassen
(und dabei leide ich entsetzlich, trallala).

JULIAN
Ida, hab Erbarmen!

IDA
Nein.

JULIAN
Unter gar keiner Bedingung?

IDA
Ich laß mich küssen, wenn du mir beichtest ...

JULIAN
Du meinst, die Wahrheit,
was ich getan habe, als du ...

IDA
Was du getan hast, als ich in Berlin war ...

JULIAN
Das, was ich immer tue,
wenn ich allein bin ... und du glaubst,
daß ich mit meinen Drachen
über die Dächer von Godesberg segle.

IDA
Und was ist das?

JULIAN
Ich bin fünfundzwanzig und fünf Monate, Ida,
weißt du das? Und hab noch nie eine Frau geküßt ...

IDA
Wie! Das ist stark! Bei meinem ganzen Pazifismus
und meinem Protest gegen das Wohlstandsdeutschland,
bei meinem ganzen Antiklerikalismus und meinem
Glauben an die freie Liebe und bei allem, was mich
mit Hunderttausenden junger fortschrittlicher
Menschen auf der Welt verbindet, mußt du mir

zugestehen, Julian, daß ich geschockt bin
und daß ich vielleicht lache!

JULIAN
Genau das sollst du tun: lachen!
Genau deshalb möchte ich SS-Mann sein und
dich mit meinem Geheimnis zu Tode quälen.

IDA
Küß mich jetzt.

JULIAN
Jetzt nicht mehr.

IDA
Warum nicht? Du siehst, ich ergebe mich (tralallala).

JULIAN
Du siehst, die Absicht, dich zu küssen, hat mich
zur Absicht gebracht, dich umzubringen (trallala).

IDA
Meinst du, ich wäre
nicht auch dazu bereit?

JULIAN
Mich fragst du das?

IDA
Ich weiß es ja jetzt.

JULIAN
Weil ich liebe …
küß ich dich nicht
und bring dich nicht um.

IDA
WEN LIEBST DU?

JULIAN
Ein »WEN« gibt es nicht, es gibt nur meine Liebe.
Liebes Versuchskaninchen, du bist frei.
Das letzte infame Experiment ist gelaufen.

5. Episode

MUTTER
Da, bitte: Wie ein Christus am Kreuz.

IDA
Erkennt er uns denn nicht?

MUTTER
Das weiß keiner.

IDA
Sieht er nicht her?

MUTTER
Er sieht immer nach oben, ins Leere.

IDA
Und rührt er sich nicht?

MUTTER
Er rührt sich keinen Zentimeter:
Seit August liegt er stramm, mit erhobenem Kinn,
und sieht nach oben. Schau mal die Fäuste an.
Sie sind noch geballt wie am ersten Tag.

IDA
Hört er uns zu?

MUTTER
Mein liebes Kind, wenn ich nicht weiß, ob er uns sieht,
weiß ich auch nicht, ob er uns zuhört.
Was habe ich ihm schon in die Ohren geweint und gejammert!
Davon wäre ein Toter aufgewacht!

IDA
Im August habe ich Godesberg verlassen, weil

er mir gesagt hatte, daß er verliebt ist ...
aber nicht in mich.

MUTTER
Das wissen wir ... arme Ida.
Wie war denn die Italienreise?

IDA
Wunderbar.

MUTTER
Wir schwärmen für Italien. Wäre der Krieg
gut für uns ausgegangen, wir hätten uns
eine Villa da unten in Syrakus genommen.
Also, Ida, in WEN ist der arme Julian verliebt?

IDA
Ich weiß nicht: Er wollte es mir nicht sagen.

MUTTER
Warum denn nicht?

IDA
Ich habe keine Ahnung! Hätte er es gesagt,
sähe jetzt alles ganz anders aus und wäre normal gelaufen:
Nur BEIM NAMEN hätte er nennen müssen ... was er liebt,
und alles hätte dann eben sein
glückliches oder unglückliches Ende gefunden.

MUTTER
Warum sagst du »was« und nicht »Frau«?

IDA
Weil ich von dem Wesen nur weiß,
daß es existiert.

MUTTER
Aber WEN liebt eigentlich mein armer Junge?

IDA
Und, vor allem, warum nennt er keinen Namen?
Weil er sich schämt? Angst hat? Nicht darf?

MUTTER
Ida, ich kann dir etwas sagen ... Sein Vater hat
(weil dies ja ein Krimi ist) einen Detektiv beauftragt,
in Heidelberg nachzuforschen und wo immer
auch Julian gewesen ist.

IDA
Und?

MUTTER
Nichts. Er hat keine Beziehungen zu Mädchen
gehabt, ich meine feste, dauerhafte.

IDA
Und mit den Mädchen hat er geschlafen?

MUTTER
Allem Anschein nach. Gewiß.
. . . .
Aber weine doch jetzt nicht!

IDA
Warum soll ich da nicht weinen!

MUTTER
Er war ja so stolz.

IDA
Stolz war er?
Ganz im Gegenteil,
zu jeder Gemeinheit war er imstande,
Stolz hat er gar nicht gekannt.

MUTTER
Was sagst du da?
Julian hat als Kind
nie jemand um Verzeihung gebeten.

IDA
Und ich hör ihn noch tausendmal um Verzeihung bitten.

MUTTER
Aber du spinnst! Er blieb immer
bei seinen Vorsätzen.

IDA
Wenn er doch nie welche gefaßt hat . . .

MUTTER
Was? Besonders intelligent war er zwar nicht, aber an seinen Ideen hielt er immer ganz fest!

IDA
Ganz im Gegenteil, er war sehr intelligent! Ich habe
nie einen intelligenteren Jungen gekannt!

MUTTER
Durch die Schule ist er nur gekommen,
weil er eben fleißig war.

IDA
Aber nein, das stimmt ja gar nicht! Ich habe mit seinen besten Kameraden gesprochen. Er hat nie gelernt:
Immer war er auf Sportplätzen, in Clubs, in Tanzlokalen . . .

MUTTER
Was du nicht sagst! Wo er doch immer
ernst und fast streng, ganz wie ein Heiliger war!

IDA
Ernst? Streng? Mein Gott, er war doch immer so fidel,
war immer wie ein kleiner Junge,
war immer nur zum Spielen aufgelegt:
Es gab überhaupt nichts, worüber er nicht gelacht hätte!

MUTTER
Julian hatte überhaupt keinen Sinn für Humor.
Und fürs Militär hatte er eine wahre Verehrung:
Er wäre gern Soldat geworden, wie sein Großvater
– mein Vater – der Kerenski an der Weichsel geschlagen hat.

IDA
Er haßte nicht und liebte nicht das Militär:
Es war ihm ganz und gar gleichgültig.
Ich glaube, er wußte nicht mal, daß es so was gibt,
obwohl er nie mit uns gegen den Krieg protestiert hat.

MUTTER
Er kannte die Fahnen aller Staaten der Welt.

IDA
Mag sein.
Als Kind kannte ich sie auch.

MUTTER
Nur wollte er leider gar nicht reisen ...

IDA
Das ist nicht wahr! Er hat sich immer für die fernen Völker
begeistert: für die Majas, die Dinkas, die Iren ...

MUTTER
Sicher hat er sie im Kino gesehen.

IDA
Wenn er doch in seinem ganzen Leben nur durch Zufall
einen einzigen Film gesehen hat; ich weiß noch ... von Murnau.

MUTTER
Er war ganz verrückt auf
Spionagefilme und Western!

IDA
Er wollte nie ins Kino ... und doch sah er
ein wenig wie Charlot aus!

MUTTER
Wie Charlot? Sieh doch hin!
Ein manieristischer heiliger Sebastian!

IDA
Jetzt liegt er in Katalepsie, im Koma. Wenn
er uns aber doch hörte und verstünde,
was würde er gar über uns arme Frauen sagen!
Sein Prestige ist schließlich unberührt.
Und fliehend war er stets zugegen.
Wie ein Denkmal erhebt sich über ihm sein rätselhafter
Schmerz.

6. Episode

HANS-GÜNTER
Gestatten Sie?

VATER
Komm nur herein, mein Lieber.

HANS-GÜNTER
Guten Tag, Herr Klotz.

VATER
Guten Tag, mein lieber Hans-Günter.

HANS-GÜNTER
Ja ... Hm ... Wie geht es Ihrem Herrn Sohn?

VATER
Siehst du, lieber Hans, die Göttliche Vorsehung
hat da ihre eigenen, unergründlichen
(zweifellos recht deutschen) Wege ...
Mein Sohn, weißt du, war kein gehorsamer Sohn:
und zugleich auch kein ungehorsamer.
Meine liebe Bertha und ich, wir haben darüber lange
(und demokratisch) debattiert. Einen gehorsamen
Sohn hätte ich unter meine Fittiche genommen,
und beide hätten wir uns über die glorreichen Kamine
unseres Köln erhoben, das Knöpfe und Kanonen ausspuckt.
Einen ungehorsamen Sohn hätte ich zerschmettert.
Doch mit einem weder gleich- noch andersgesinnten Sohn
konnte ich nichts anfangen. Da griff der Allmächtige ein.
Was tat Gott mit Julian? Da er ja selber nichts tun wollte,
ließ er ihn sterben; und da er selber ja auch etwas tun wollte,
ließ er ihn leben. Ich weiß nicht, ob es Untätigkeit, Streik
oder Verbannung ist, jedenfalls liegt Julian in seinem
Zimmer drüben

wie ein einbalsamierter Heiliger, nicht tot und nicht
lebendig.
Einesteils schluchzt mein Vaterherz über seinen Tod,
andernteils frohlockt es über sein Leben.
Jetzt aber zu uns.

HANS-GÜNTER
Ich bringe gute Nachricht, Herr Klotz!

VATER
Mein Kompliment, lieber Hans-Günter!

HANS-GÜNTER
Dankesehr, Herr Klotz.

VATER
Also gute Nachricht ...

HANS-GÜNTER
HERR HERDHITZE IST KEIN ANDERER
ALS HERR HIRT!

VATER
Hirt!

HANS-GÜNTER
Ad maiora, Herr Klotz!

VATER
Ad maiora, lieber Hans-Günter!
Also Hirt. Der alte Hirt, einst mein Studienkollege
in Essen, dann in Heidelberg.
Bestimmt hat er sich eine Gesichtsplastik machen lassen!

HANS-GÜNTER
Aber natürlich, Herr Klotz!
Man ist mit Gesichtsplastiken
schon recht fortgeschritten in Italien ...

VATER
Italien?

HANS-GÜNTER
Vielleicht berichte ich der Reihe nach, Herr Klotz.

VATER
Also der Reihe nach, lieber Hans-Günter.

HANS-GÜNTER
Jawohl, Ihr politischer Widersacher und
der Schwarze Mann für Ihre Industrien, der
neue Mann in Westdeutschland, Herr Herdhitze ...
ist kein anderer als Herr Hirt (mit Gesichtsplastik).
Nicht wahr, Sie hatten Herrn Hirt aus den Augen verloren,
nachdem Sie mit einem großen Kommers in
Heidelberg Ihrer Jugend Adieu gesagt hatten?

VATER
Ich hielt noch einige Jahre Verbindung ... nicht länger.
Er ist aus kleinbürgerlichem, sehr kleinbürgerlichem Hause
(ich meine, sein Vater war Arzt in irgendeinem bayerischen Dorf).
Ich könnte mir vorstellen, daß er zunächst
Ordinarius von irgend was geworden ist ...

HANS-GÜNTER
Anatomie in Straßburg.

VATER
Nun, gut. Und danach?

HANS-GÜNTER
Nun, gut. Wir sind jetzt in Straßburg.
Genau, am 9. Februar 1942 ...

VATER
Au! Wie mich mein Rheuma zwickt!

HANS-GÜNTER
Das Datum eines »Geheimberichts«.
Können Sie sich denken, an wen?
An Herrn Himmler.

VATER

Verbrechen gegen die Menschlichkeit? Hurra!
Meinen Glückwunsch, herzlichen Glückwunsch,
Hans-Günter!

HANS-GÜNTER

Verbindlichen Dank, Herr Klotz.
Ich denke, daß Sie jetzt sehr gespannt sind ...

VATER

Über alle Maßen gespannt, lieber Hans-Günter.
Ad maiora!

HANS-GÜNTER

Ad maiora, Herr Klotz. Können Sie sich ...
denken, was dieser Brief zum Inhalt hatte?
»Das Einsammeln von Schädeln
bolschewistisch-jüdischer Kommissare
zwecks wissenschaftlicher Untersuchungen
an der Universität Straßburg«!

VATER

Schädel ... von wem? Von ...
bolschewistisch-jüdischen Kommissaren?
Hahaha! Verzeihung, wenn ich jetzt lache! Hahaha!
Aber diese drei Wörter nebeneinander
sind doch von unwiderstehlicher Komik!
»Bolschewistische« und »jüdische« und »Kommissare«!
Was für ein Leipziger Allerlei! Gott, muß ich lachen!
Hahaha! Und womit wurde diese Anforderung
... der unglückseligen Schädel von ...
»bolschewistisch-jüdischen Kommissaren« begründet?
Hahahaha!

HANS-GÜNTER

Ach ...
Herr Hirt (jetzt Herdhitze) beschwerte sich,
daß es zwar von fast allen Rassen
riesige Schädelsammlungen gebe,

die Wissenschaft aber gerade von Juden
nur zu wenige Schädel besitze.
Und der Krieg im Osten
sei eine Möglichkeit ... »die Lücke zu schließen«.
Mit den »bolschewistisch-jüdischen Kommissaren«.

VATER
Ich lachte, jetzt aber läuft es mir kalt den Rücken hinunter.
Was für ein Glück für mich, lieber Hans-Günter,
daß ich damals in Köln gezwungen war, in
meines Vaters Fabrik Kanonen zu fabrizieren!

HANS-GÜNTER
Aber Doktor Hirt, dem keine väterliche Fabrik
zur Verfügung stand, um Kanonen zu fabrizieren,
mußte zusehen, daß er anders vorwärtskam.

VATER
Hm! Und was stand noch in dem Bericht?

HANS-GÜNTER
Eine Reihe wohlgemeinter und kameradschaftlicher
Fingerzeige für die Realisierung dieses Programms,
dem Himmler »sofortiges und lebendigstes Interesse
bezeugte« ...

VATER
Hahaha! Steht da wirklich »lebendigstes Interesse«?

HANS-GÜNTER
Genau: das lebendigste Interesse für dieses Projekt.
Er tat alles in seiner Macht Stehende,
um SS-Hauptsturmführer Professor Hirt
(heute Herdhitze) gut zu beliefern.

VATER
Verflixt, was für ein Glück für mich,
daß ich in Köln Kanonen fabrizieren mußte!

HANS-GÜNTER
»An das Reichssicherheitshauptamt, Abt. IVB4,

zu Händen SS-Obersturmbannführer Eichmann,
Berlin SW 11, Prinz-Albrecht-Straße 8.
Betrifft: Erstellung einer Skelettsammlung.«

VATER
Was ist das für ein Abrakadabra?

HANS-GÜNTER
Nur der Brief, mit dem SS-Standartenführer Sievers
die Verlegung vorgenannter Juden
vom Lager Auschwitz ins Lager Natzweiler mitteilt.
115 Stück, davon 79 Juden, 2 Polen,
4 Asiaten, 30 Jüdinnen ...

VATER
Zur Sache.

HANS-GÜNTER
Diese Häftlinge wurden sukzessive
völlig nackt in die Gaskammern gestoßen.
Man füllte Salze ins Rohr.
Das Rohr wurde ganz ordentlich mit einem Stopfen
verschlossen.
Im Stopfen steckte ein Metallröhrchen,
und aus dem Metallröhrchen schoß das Salz.
Die Häftlinge atmeten vielleicht noch eine halbe Minute,
dann fielen sie, von Exkrementen besudelt, zu Boden.
Noch warm kamen die Leichen ins Anatomie-Institut;
die Augen quollen, weit aufgerissen,
aus ihren Höhlen, blutunterlaufen, rot.
Den Männern wurde der linke Hoden abgeschnitten,
er kam ins Labor der Anatomie.
Und Doktor Hirt, heute Herdhitze, sagte seinen Leuten
immer wieder: »Haltet ja euer Maul, sonst
endet ihr genauso!«

VATER
Jetzt endlich zur Sache!

HANS-GÜNTER
Das Kriegsende kam heran, die Alliierten
standen vor Straßburg. Was sollte
Doktor Hirt mit den achtzig Stück seiner
einzigartigen Sammlung tun?
Er ließ sie kleinschlagen und dann durch
Verbrennung wissenschaftlich vernichten.
Aber die Goldzähne wurden Herrn Doktor Hirt übergeben,
der sich mit diesen Goldzähnen aus dem Staub machte.

VATER
Dann ... haben wir doch keine Beweise!

HANS-GÜNTER
Nicht doch! Nun kommt erst die
Hauptperson in unserer Geschichte.

VATER
Nämlich?

HANS-GÜNTER
Ein gewisser Herr ... Ding.

VATER
Ding?

HANS-GÜNTER
Ding. Gewiß, Herr Klotz: Ding.

VATER
Ist ... das ein Konfuzianer?
Hahaha!

HANS-GÜNTER
Mitnichten. Ein waschechter Arier.

VATER
Was für eine Rolle hat er in unserer Geschichte?

HANS-GÜNTER
Er ist nicht mehr und nicht weniger als der damalige

Assistent des Doktor Hirt, heute Herdhitze.
Er verschwand wie sein Meister ... unter den Trümmern
(kein Zweifel: bei all der ungewöhnlichen Vielzahl
von Leichen im Deutschland jener Jahre gab es zugleich
einen ungewöhnlichen ... Mangel an Leichen).

VATER
Das Doppelgesicht des Bösen!

HANS-GÜNTER
Ding heißt heute Clauberg. Na, bitte.
Sie wissen, Herr Klotz, daß ich (dank meiner
Kurzbeinigkeit, meines dicken Kopfes, meines schwarzen
Haars)
unter südlicher Sonne, doch besonders in Italien
nicht gerade wie ein Tourist aussehe.

VATER
Und?

HANS-GÜNTER
Meine Überraschung war unbeschreiblich,
als ich mitten in Mailand
ohne jede Zurückhaltung den Einsilber
Ding vor meinen Ohren klingeln hörte.

VATER
Ding!

HANS-GÜNTER
Ding, Ding! Wie ein chinesisches Glockenspiel!
Oder wie Regentropfen auf Dachziegeln. Ding!

VATER
Und dann?

HANS-GÜNTER
Ich stellte mich vor: »Herr Ding? – Hans-Günter.
Freut mich, freut mich ganz außerordentlich!«

VATER
Dann hat dir der Herr ... Ding

(heute Clauberg) alles erzählt,
und der Herr Hirt
(heute Herdhitze) ist aus der Welt!
Diener tritt ein.

DIENER
Ein Herr bittet, eintreten zu dürfen.

VATER
Wer ist es?

DIENER
Er heißt Herdhitze.

VATER
Herdhitze?!

DIENER
Jawohl: Herdhitze.

VATER
Der Herdhitze ist da!
Er soll nur kommen.
Diener ab

HANS-GÜNTER
Der Herdhitze!

VATER
Der Herdhitze!

7. Episode

VATER
Hochverehrter Herr Herdhitze!
Welche Überraschung!

HERDHITZE
Hochverehrter Herr Klotz,
ich war zufällig in dieser Gegend,
auf der Fahrt von Köln nach Bonn.
Und da sagte ich mir: »Wollen wir doch mal
unsern lieben alten Kameraden besuchen!«

VATER
Ich hätte Sie doch tatsächlich
nicht wiedererkannt ... Gesichtsplastik?

HERDHITZE
Hm ... ja. Gesichtsplastik.
Auf italienisch ...

VATER
Hm ... ja. Es ist sehr viel Zeit vergangen
seit unserer letzten Begegnung.

HERDHITZE
Es muß Achtunddreißig gewesen sein ...

VATER
Richtig! Im Frühling Achtunddreißig.
Was für ein schöner Frühling!

HERDHITZE
Inzwischen hat's neunundzwanzig andere gegeben.
Aber in unserem Herd brennt immer noch das Feuer.

VATER
Haaa! Haha! Immer noch lustig
unser »Herdhitze«. Was ja so etwas ist
– nicht wahr, Hans-Günter? – wie ein heißer Ofen!
Herr Ofen, ich bitte um Vergebung:
Darf ich Ihnen meinen
geschätzten Mitarbeiter vorstellen,
Herrn Hans-Günter ... wertvoll
und unersetzlich!

HERDHITZE
Erfreut.

VATER
Und was heizt Ihren Ofen,
wenn ich fragen darf?

HERDHITZE
Natürlich das großdeutsche Feuer, das
aus der Asche neu ersteht und
Wolle, Käse, Bier und Knöpfe produziert.

VATER
Da muß ich ja tief seufzen,
Herr Herdhitze.

HERDHITZE
Aber wieso denn, Herr Klotz?

VATER
Weil Sie
so funkelnagelneu sind,
während ich ...

HERDHITZE
Was sagen Sie da! Sie sind doch wie ein
Düsenjäger in die Zukunft, Herr Klotz!

VATER
Hm! Derartige doch ziemlich massive Metaphern
lassen mich leider Gottes immer an Grosz denken ...

HERDHITZE
Spielen Sie auf Ihre humanistische Bildung an,
Herr Klotz?

VATER
Gewiß. Und ich beneide Sie
um Ihre streng naturwissenschaftliche,
Herr Herdhitze.

HERDHITZE
Sie meinen TECHNISCHE.

VATER
Gewiß. Zwischen diesen beiden gibt es ja,
außer in meinem Kopf, keinen Gegensatz mehr ...
Ach, bin ich alt geworden! Meines Sohnes Großvater
könnte ich sein ...

HERDHITZE
Gewiß, der wackere ... wortkarge Julian ...

VATER
Wir beide haben das gleiche Alter, Herr Herdhitze,
doch ich bin in Wahrheit ein alter Kamin,
und Sie sind eine übermoderne Zentralheizung.
Hahaha!

HERDHITZE
Hahaha! Ich merke, daß auch Sie
Ihren Humor nicht verloren haben!

VATER
Ein Bier, Herr Herdhitze?

HERDHITZE
Auch zwei, Herr Klotz!

VATER
Auf unsere Jugend, Herr Herdhitze!

HERDHITZE
Auf unsere NEUE Jugend, Herr Klotz!

VATER

Wir sind vom selben Jahrgang, doch leider
war mein Vater nur Industriemagnat, gleich
nach Krupp. So habe ich die Klassiker gelesen.

HERDHITZE

Und der meine war Landarzt in Kleinenkatzenburg:
So habe ich nur Naturwissenschaften studiert.

VATER

Ach, als Sie begannen, hatte ich schon
die Hälfte des Weges hinter mir!

HERDHITZE

Sie meinen doch, in Erfüllung Ihrer Pflicht,
Herr Klotz?

VATER

Wollen wir es dabei belassen,
Herr Herdhitze.

HERDHITZE

Ja, als ich BEGANN – auf den Trümmern
unsres Vaterlandes – da waren Sie schon weit
voran auf dem Weg, den Ihr Herr Vater,
Klotz, der Große, vorgezeichnet hatte.

VATER

Während Sie den Weg Ihres Vaters,
Herdhitze des Kleinen, verließen.

HERDHITZE

Dann war alles zu Ende. Sie blieben
groß wie ein Schlot, Herr Klotz,
und ich war klein ... wie eine Lambretta.

VATER

Ach, ja, vom hier anwesenden Hans-Günter weiß ich,
daß Sie mit Lambrettas begannen.
Waren Sie nach dem Krieg lang in Italien?

HERDHITZE
Inzwischen ist schon viel Wasser
den Rhein hinunter, Herr Klotz.

VATER
Jedenfalls liegen Sie jetzt weiter vorn als ich.
Wie lästig sind doch große Väter!
Unser Köln haben sie mit Großindustrien
gefüllt, majestätisch wie Kirchen:
Kamine, nichts als Kamine!
Ein Athen aus Beton.
Das haben wir jetzt davon, daß wir von diesen
alten Schweinen, unsern Vätern, so begünstigt wurden!
Hahaha! – Doch Ihre Fabriken, Herr Herdhitze ...
sieht man ja nicht. Wohl transparent? Ohne Schwerkraft?
Verschwinden in der arbeitsfreien Zeit und stellen sich,
weiß und schön waagerecht, wieder hin, wenn
gearbeitet wird? Und wie viele freie Stunden, o weh!

HERDHITZE
O weh, ich bedaure, in Ihnen Anwandlungen von
Selbstanklage
und Entmutigung ausgelöst zu haben!

VATER
Nur objektive Feststellungen, Herr Herdhitze:
Wer mit schon Geleistetem beginnt,
muß mit der Vergangenheit rechnen,
wer mit dem Nichts beginnt,
muß nur mit der Gegenwart rechnen.

HERDHITZE
Ah ... Und wie ist das Befinden der werten Frau Bertha?

VATER
Danke, gut. Ich weiß, daß Sie unverheiratet sind,
Herr Herdhitze.

HERDHITZE
Ja. Ich besitze keine Erben, Herr Klotz.

VATER
Oh!

HERDHITZE
Meine Industrien vermache ich ... meinen Technikern.

VATER
Oh!

HERDHITZE
Das Problem der Zukunft ist kein individuelles.

VATER
Oh!

HERDHITZE
Das Morgen wird keine Spur
humanistischer Kultur haben.

VATER
Oh!

HERDHITZE
Und die Menschen kennen dann
keine Gewissensprobleme mehr.

VATER
Und warum haben Sie dann welche gehabt? Verzeihung,
das Ganze kommt mir sehr widersprüchlich vor.

HERDHITZE
Meine alte, konstruktive Erfahrung lehrt mich,
daß Widersprüche absolut notwendig sind.

VATER
In der Tat ... in der Tat ... es gibt auch
Augenblicke, da meine schweinische Verworfenheit
(mit einem Magen, der eine ganze Sozialklasse verkraftet)
durch das Bedauern der Vergangenheit
geläutert wird ... Und
hier liege ich falsch.
Doch auf der anderen Seite ... anderen Seite ...

gibt es Augenblicke, da Ihre schweinische Verworfenheit
durch den G e d a n k e n a n d i e Z u k u n f t
noch schamloser wird ... Und
da liegen Sie richtig.

HERDHITZE
Ha! Das Doppelgesicht des Guten!

VATER
A propos Juden ...

HERDHITZE
Ich wußte, daß wir an diesen Punkt gelangen würden ...
Noch ein Bier, Herr Klotz?

VATER
Gewiß doch, Herr Herdhitze.

HERDHITZE
Also zum Wohl ... der Juden, Herr Klotz!

VATER
Zum Wohl der Schweine, Herr Herdhitze!

HERDHITZE
A propos Schweine ...

VATER
Juden oder Schweine?

HERDHITZE
Schweine, Schweine.

VATER
Wollen Sie mir eine schweinische Anekdote erzählen?
In dem Fall muß ich Ihnen sagen,
daß ich dank Brecht und dank Grosz
alle Schweineanekdoten kenne.

HERDHITZE
Keineswegs! Auf die Schweine bin ich vorhin gekommen,
als wir von ... Erben und Erbschaft sprachen.

VATER
Ihre Techniker? Hahaha!

HERDHITZE
Nicht doch: Wie vor Zeiten die Bauern, sind heute, wie Sie wissen, die Techniker ohne Schuld.

VATER
Produktions bedingt
in der Konsum gläubigkeit?

HERDHITZE
Ganz recht. Aber zurück zu den Schweinen. Gewiß erinnern Sie sich an eine Episode ... Herr Klotz ... vor einigen Jahren ... Lassen Sie mich nachdenken: Es war Neunundfünfzig!

VATER
Als Sie von den Lambrettas zu elektrischen Haushaltsgeräten wechselten?

HERDHITZE
Ihr Sohn war damals Sechzehn.

VATER
Mein Sohn?

HERDHITZE
Ich kann Ihren Kummer verstehen.
Doch in meiner Eigenschaft als Freund
– vor dreißig Jahren, doch immerhin Freund –
fragte ich mich: »Was ist denn
mit dem Sohn des großen Klotz?«

VATER
Mein Sohn ist nur müde,
sehr müde, weiter nichts.

HERDHITZE
Müde? Aber wir sind doch nicht mehr
im Jahre Neununddreißig oder Vierzig,

um zu verschlafen oder zu kämpfen oder zu sterben.
Im Jahre Neunundfünfzig jedenfalls
hat Ihr Sohn nicht geschlafen.
Damit meine ich die kleine, unbeachtete
Episode, von der ich vorhin sprach.

VATER
Reden Sie.

HERDHITZE
Als Großindustrieller, Sohn von Klotz, dem Großen, und
gleich nach Krupp, verschmähten Sie stets indigniert einen
Wohnsitz in der Stadt, mit Lärm und Giften;
Sie residierten stets in diesem Goetheschen Godesberg
mit seinen noblen, geheimnisvollen Villen, geliebt
auch von Adenauer ... Diese sublime, gutdeutsche Liebe
für die Natur, für Gärten ... Erinnerungen an
Griechenland ... Nebel und Sonne,
wie geschaffen für Diotima ...
Diese sublime Liebe mußte ja Verhängnis werden,
geht sie doch auf den zurück, der sich
für größer als seine eigene Geschichte hält.

VATER
Wollen wir uns doch nicht streiten: Täusche
ich mich nicht, sind wir jetzt bei den Nebenfiguren.

HERDHITZE
Richtig! ... Der eigentliche Protagonist ...
nämlich IHR SOHN, verbrachte
demzufolge sein Leben auf dem Lande.
Ringsum Garten, ein hellenisches Paradies;
dahinter die Häuser der Bauern,
Ställe ... Misthaufen ... SCHWEINEKOBEN.

VATER
Die Deutschen sind eben große Wurstverzehrer.

HERDHITZE
Ich wollte Sie nur an folgende Episode
erinnern: 1959 stahl Julian ein Schwein.

VATER
Hahaha! Ist das alles?

HERDHITZE
Ja, das wäre alles.

VATER
Was haben wir darüber gelacht ...
am häuslichen Herd!

HERDHITZE
Ein Lachen, das Ihnen gleich im Halse
steckenbleibt.

VATER
Jeder hat sein Kreuz zu tragen.

HERDHITZE
Wie lachten Sie über die schüchternen Proteste der Bauern
(die Schweine sollten für Weihnachten gemästet werden),
jenes erste Mal. Beim zweiten Mal schon weniger.

VATER
Julian hatte eben seinen Spaß daran,
Schweine verschwinden zu lassen.

HERDHITZE
Und was hat er mit ihnen gemacht?

VATER
Eine rhetorische Frage.

HERDHITZE
Falsch: Eine selbstverständliche Frage, die es allerdings
schwermacht, ebenso selbstverständlich zu antworten.
Also gibt man meistens mit Unrecht auf die einfachsten
Fragen
keine Antwort: Was tut Julian mit den Schweinen?

VATER

Ich denke, er hat mit ihnen gespielt ... ihnen ein Halsband angelegt, wie seinen Doggen ...

HERDHITZE

Oh, trunkene Natürlichkeit!

VATER

Was soll er zum Teufel mit ihnen gemacht haben?

HERDHITZE

Als Sechzehnjähriger beginnt ein Sohn, seinem
Vater gehorsam oder ungehorsam zu sein.
Julian begann ... weder gehorsam noch ungehorsam zu sein.
Man hat mir gesagt, daß Sie das wohl wissen ...

VATER

Wer hat das gesagt?

HERDHITZE

Aber, mein Lieber! Auch ich habe meinen Hans-Günter.
Noch einmal: Selbst nach dreißig Jahren ... bin ich
immer noch Ihr Freund. So hatte ich ein
eigentümliches Verlangen, zu begreifen,
was Sie doch nicht begreifen wollten.
Für Sie begreifend, wollte ich Ihnen die gleiche
Zuneigung bezeugen, die Sie ja auch für mich empfanden.

VATER

Äußerst verbunden, Herr Herdhitze.

HERDHITZE

Nicht der Rede wert, Herr Klotz.

VATER

Nun sagen Sie, was Sie begriffen haben.

HERDHITZE

Begriffen? Leider gar nichts.
Nur in Erfahrung gebracht.

VATER
Also, was?

HERDHITZE
Julian, Ihr Sohn, verschloß sich nach den
beiden Schweinediebstählen
in eine lange, undurchdringliche Adoleszenz.
Wenn er rebellierte, erschien der Schatten des
Konformismus.
Wenn er gehorchte, loderte das Feuer des Zwists.
So ging es jahrelang: wahrlich ein Rätsel.
In Heidelberg hat er studiert und geliebt.
Doch habe ich guten Grund zur Annahme, daß
er sein Herz hier, auf dem Lande, verlor.
Bekanntlich gab er Studien und Liebschaften auf
und kehrte hierher zurück.

VATER
Er kam zurück, um bei mir zu arbeiten.

HERDHITZE
Armer Herr Klotz!
Noch ein Bier?

VATER
Später, Herr Herdhitze. Nun wollen wir erst
weiterkommen.

HERDHITZE
Sind Sie so wissendurstig, Herr Klotz?
Ist Ihnen die Unglückseligkeit Ihres Sohns
plötzlich interessant geworden?
Fragen Sie sich erst heute, Herr Klotz,
was der arme Junge wohl gelitten hat,
bis es so weit mit ihm kam?

VATER
Ich kann annehmen, daß kein Gericht
jemals wird feststellen können, ob

Bosheit oder Erbarmen aus Ihnen spricht;
ob Sie selber wirklich Schmerz empfinden,
während Sie mir Schmerz bereiten.

HERDHITZE
Ja, da wüßte ich selber keine Antwort, jedenfalls
bin ich als Ihr Konkurrent gekommen: wie's der Brauch,
um Sie zu vernichten, damit Sie nicht mich vernichten.
Demnach sprachen wir von Schweinen an Stelle von ...
Juden.
Doch da gibt es noch etwas, oder obendrein ...
Vielleicht ist es der Geruch der Wahrheit ...
Jetzt kommen mir doch wirklich die Tränen,
denk ich an den armen, gekreuzigten Jungen,
obzwar die Geschichte, so erzählt,
auch etwas lächerlich wirkt.

VATER
Also?

HERDHITZE
Julians einsame Spaziergänge, seine natürlichen
Erkundungen, wissen Sie, Herr Klotz ... hatten
zum täglichen Ziel den Schweinestall.

VATER
Nun?

HERDHITZE
Sind wir soweit. Alle Vorkehrungen, die Julian
im Schweinekoben traf, um von den Bauern
nicht gesehen zu werden, fruchteten wahrlich
nichts bei meinem Hans-Günter (genau gesagt:
ein gewisser Clauberg, vormals Ding), so
allgegenwärtig wie Gott mit seiner Wahrheit!

VATER
Das genügt. Wir haben den Punkt erreicht, da für Sie
ein Sprechen und für mich ein Hören kaum noch möglich ist.

8. Episode

IDA
Geht es dir jetzt besser, Julian?

JULIAN
Ja. Dank einer gewissen
Komplizenschaft mit meinem Vater.

IDA
Dein Vater hat seine große Stunde.

JULIAN
Was mir völlig schnuppe ist.

IDA
Aber ganz Deutschland redet doch davon!
Er macht Schlagzeilen!
Und all unsere bartlosen bartgeschmückten Freunde
haben wieder einen Grund,
sich auf der Seite des Rechts zu wissen.

JULIAN
Herdhitze & Klotz oder
Klotz & Herdhitze?

IDA
Darüber ist eine Menge diskutiert worden: ich glaube,
man hat sich auf das Alphabet geeinigt.

JULIAN
Und worauf haben sich deine entrüsteten Freunde geeinigt?

IDA
Herdhitze, der Judenmörder und neue Mann,
steht selbstverständlich an erster Stelle.

JULIAN
Ein kleiner Mißerfolg für meinen Vater.

IDA
Irgendein Kuhhandel
wird ja wohl dabei sein.

JULIAN
Oh, das ist ganz sicher.
Schweinegeschichte gegen Judengeschichte ...

IDA
Siehst du, Julian ... es ist
so schwer, mit dir zu reden ...
Und ich bin auch nur gekommen,
um mich zu verabschieden ...
um dir »Adieu zu sagen«, wie es so heißt.

JULIAN
Siehst du, Ida, früher oder später
»mußte das ja kommen«,
wie es so heißt.

IDA
Aber ich heirate ...

JULIAN
Einen bartlosen Bartgeschmückten?

IDA
Lach nicht, Julian! Woher nimmst du den Mut?

JULIAN
Vielleicht von deinem Glück.

IDA
Von meiner Liebe zu diesem Bubi Jannings?

JULIAN
Warum denn nicht, wenn du ihn e c h t liebst!

IDA
Nein, nicht von dem Glück, das mir Bubi bedeutet,
sondern von deiner Gleichgültigkeit gegen meine Liebe.
Jetzt ist sie Gleichgültigkeit gegen meine Nichtliebe.

JULIAN
Ida gibt Sentenzen von sich!
Wie ist denn dieser Bubi?

IDA
Ein hübscher Junge, zwei Jahre jünger als du,
er hat gerade sein Studium fertig, sein Reformismus
ist sauber wie seine Augen und seine Moral ist so stark
wie seine Muskeln (er ist in einem Sportverein).
Kein Antikommunist. Blaue Augen, aber wirklich,
nicht nur sozusagen blau. Die Schultern doppelte
Beckenbreite. Und nicht die Spur von Fett. Und
so gut proportioniert, daß er Normalgröße scheint,
dabei ist er über eins achtzig. Und blond, doch ein
so undeutsches Blond, daß er wie ein Russe aussieht.
Sein Respekt vor den andern ist niemals servil. Und
ich sah ihn auch niemals seine Fassung verlieren.

JULIAN
Grunzt er?

IDA
O Julian! Ich wollte mich nicht an dir
rächen, als ich so von ihm sprach!

JULIAN
Das alles ist mir ganz egal.

IDA
Nein, du fühlst Haß.

JULIAN
Wenn überhaupt was, dann Liebe.

IDA
Und warum teilst du sie nicht mit?

JULIAN
Und warum fragst du das nicht einen
deiner Juden oder Neger?

IDA
Ach, mit dir ist doch nichts anzufangen,
vielleicht existierst du gar nicht,
bist nur ein Trugbild ... ist das
Deutsch, das du sprichst, nur ein Witz;
weiß man doch, daß die
Sprache der Gegenwart purer Interrogativ ist ...
Jetzt habe ich dich soviel gefragt,
daß ich gar keine Kraft mehr habe.

JULIAN
Das hast du schon einmal gesagt: Ich
hab dich auch richtig verstanden.

IDA
Gehen wir in Liebe auseinander, Julian.

JULIAN
Auseinander? Wann sind wir denn
jemals zusammengewesen?

IDA
Nie.

JULIAN
Ganz klar.

IDA
Aber da ich jetzt einen andern liebe, besteht die
Gefahr, daß ich Mitleid mit dir haben könnte.

JULIAN
Zerbrich dir darüber nicht den Kopf. Ich bring dich
zum Lachen – auch wenn man behaupten mag,
mir fehle der Sinn für Humor.

IDA
Dann Adieu, Julian.

JULIAN
Adieu, Ida.

IDA
Adieu, Julian.

JULIAN
Welch riesengroßes, eigenartiges Ding, meine Liebe!
Wen ich liebe, kann ich dir nicht sagen; aber
nicht das ist von Interesse. Noch nie
war das Objekt eines Liebesverlangens
(gelinde gesagt) so gemein. Relevant sind
die Vorgänge; die tiefgehende Deformation,
die sie in mir bewirkte – nicht Degeneration, um
deutlich zu werden; denn das hättest du nämlich gemerkt
und zu Recht Ekel oder Schmerz empfunden (man kann
alles verbergen, nur nicht seine Sinnesart).
Erloschen ist nichts in meinem Leben, gar nichts
(das sage ich ohne Überheblichkeit, doch erstaunt
oder vielleicht auch nüchtern wie ein Wissenschaftler).
Die Vorgänge sind so schön,
so aufregend ...
So einmalig,
daß ich keinen Augenblick,
nicht mal in Gedanken davon loskomme.
Nichts, was sich dadurch begibt, daß es
entsteht und lebt: nein. An ihm ist
NICHTS NATÜRLICHES.
Und darum, weißt du, denke ich immer daran.
Was diese Liebe mich alles fühlen läßt,
kann man so zusammenfassen: Mich hat eine
Gnade wie eine Pest getroffen.
Wundere dich also nicht, wenn neben der Beklemmung
auch die dauernde, grenzenlose Freude steht.
(Aber ja doch, unterbrich mich nicht, der Drachenflug,
meine sanfte, gutmütige Ironie und anderes mehr).
Was erwartet mich, wenn ich morgens aufstehe?
Ein Tag, ganz gefüllt mit dieser meiner Liebe.

Bei der Freude, die ich daran habe, ist überaus wichtig,
daß nur ich allein sie kenne. Und daß aus diesem
Grund ihr Tun nur insgeheim erfolgen darf;
doch dies Geheimnis ...
taucht mich in das Leben.
Sicher, denn ohne Leben könnte es nicht sein, und ich
hätte keine Zurückgezogenheiten noch Heimlichkeiten,
keine Ausflüchte, kein Schweigen, nichts von alle-
dem ...
Was ich als Leben begreife? Das, von dem man glaubt,
es gehöre auf ewig den andern
(das in uns aber unfertig oder eine Schuld ist).
Ich muß in das Leben hinein, um mich seinen
erbärmlichsten Erscheinungsformen, den sozialen, zu ent-
ziehen,
an die ich schon durch Geburt gebunden bin ... und
dann durch politische Pflicht, Beharrung oder
Auflehnung ...
Sind diese Erscheinungsformen alle beseitigt, kann ich,
allein, an ein reines Leben herangehen ... schön
oder auch erschreckend ... das aber nie Halbheiten kennt,
wie soll ich's dir erklären ... auch nicht, wenn's nur
mittelmäßig ...
wenn's alltäglich ist ... Sagen wir, Realität: vielleicht ist
das präziser ausgedrückt. Nun habe ich aus der Realität – im
Rausch der Einschränkung – alles verbannt, was meine
Pflicht ist (formell lasse ich sie weiterfunktionieren:
zu sagen Haus und Familie, et cetera, um mein jetzt schon
grenzenloses Bedürfnis nach Einsamkeit zu protegieren).
Und was bleibt nun?
Alles, was mir nicht gehört.
Was nicht erblich oder Herrschaftsbesitz oder
natürlicher, zumindest intellektueller Machtbereich,
sondern ganz einfach ein Geschenk ist. Vor allem die
Natur.
Weißt du denn, Ida, was die Natur ist, mit Augen
wie den meinen, nämlich als Geschenk gesehen?

Morgens stehe ich auf, erledige, was Julian zu tun hat, und dann …
Dann gehe ich hinaus. Und draußen
erwarten mich neben der Natur auch Leute, mit denen ich
nicht gerechnet hatte: Leute, die das Land bebauen.
Mit dem Rest der Menschheit haben sie nichts gemein.
Ich glaube, mein Vater und meine Mutter halten sie für Tiere.
Fast alle kommen sie aus Italien,
sind kurzbeinig, schwarz gekleidet, schon
blaß geworden, häßlich, schlecht proportioniert,
haben breite Becken, Habichtsnasen oder auch fette
Gesichter (obwohl unter ihnen immer eine Schönheit ist,
mit großer Mähne und Herbheit im Sohnesblick).
Einer dieser Italiener, mit Namen
Ernesto, kommt aus den Abruzzen, ein anderer,
Enzo, aus Tarquinia, ein dritter heißt
Maracchione (wer weiß, warum man ihn nur mit
Nachnamen kennt, mag sein, weil er wie ein Spitzname klingt):
Solche Schönheit ist selbstverständlich aus Reggio oder Messina …
Wenn ich vorbeikomme, bleiben sie stehen
und grüßen mich mit strahlendem, komplizenhaftem,
ja, komplizenhaftem Lächeln, als wüßten sie, daß
mein Vorüberkommen dort ein schuldhaftes ist, und diese
Schuld mich ihnen gleichmacht, in ihre Front einreiht:
Front der Schuldigen in den Augen der
untadeligen, gottbeschützten Herren!
Die strahlenden Augen dieser Menschen (auch der weniger schönen)
erfüllen mich mit Trost und Freude, ich bewahre sie
… in meinem Herzen, als Beispiel für eine bescheidene
Unabhängigkeit. Dann sind da noch all die deutschen Bauern,
Knechte und Söhne von Knechten: Edle also. Den ältesten
hat schon mein Großvater eingestellt, er heißt Wolfram:

eine Autorität. Seine Weisheit
ist die Weisheit von der Notwendigkeit des Herren,
gesehen schier als außerirdisches Phänomen.
So ist er ein Hellseher, der im voraus weiß,
was sein Herr tun wird, weiß er doch, was er getan hat.
Diese seine prophetische Gabe
macht ihn sehr wortkarg,
weil die Herren tagelang, monatelang
nichts tun, an anderes denken.
Erst bei meinem Vorbeikommen
bricht Wolfram sein Schweigen. Ich bin sein Vertrauter.
Keine Prophezeiungen bei mir, sondern Erinnerungen an
seine Jugend: militärische Jugend. Sie ist alles, was er
(mein Großvater ausgenommen) an Authentischem,
Uneingestandenem hat.
Die andern Bauern will ich dir nicht aufzählen,
es sind etwa zwei Dutzend: ein ganzer Chor.
Nur Gustawa nenne ich, die kleinste.
Sie ist, wie du ... in mich verliebt!
Aber sie redet nur ein paar Worte,
denn sie ist erst vier. Und ganz warm
ist sie immer, wie ein kleiner Wecken, der frisch
aus dem Ofen kommt; ihr dürftiges Kleidchen ist
hart, wie aus Werg, der naß geworden war und
dann an Ofenkacheln getrocknet wurde.
Sie riecht nach Erde, nach Gips und Pipi:
Draufgängerisch ist sie wie ein kleiner Junge und komisch
in ihrem unbeirrten Draufgängertum. Sie verläßt mich
immer als letzte, wenn ich – in Befolgung meines heiligen
Willens – alleinbleiben will.
Bisweilen träume ich von all diesen Bauern.
Aber – sonderbare Unlogik des Bewußtseins – dann
sehe ich sie nicht, wie sie sind, inoffensiv und gedrückt,
dumm und nachlässig, ich sehe sie als Helden.
Vorneweg Maracchione als Revolutionär.
Hinter ihm, dicht gedrängt, die andern alle,
mit Spruchtafeln und wehenden roten Fahnen.

Auch ihre Taschentücher und Kleiderfetzen sind Fahnen.
Aus der Tiefe Deutschlands hat sich ein Wind
wie aus einem Friedhof erhoben: Fahnen und Fetzen
flattern und knallen wie Segel. Sie rücken vor,
und nichts könnte sie halten.
Wohin ich dann gehe, um alleinzusein?
Gerade das kann ich dir nicht sagen.
Über dem Rheinland riecht es
nach Dung und nach Mist: Der friedliche
Sommer ist voll eines Feuers, das
die wilden Eichen umlodert ... Genug.
Wohin ich gehe, was ich tue, bleibt ungenannt.
(Wichtig, unendlich wichtig ist es nur für mich.)
Du weißt, daß nach erreichtem Orgasmus und ergossenem
Samen, die Welt sich in anderer Farbe zeigt.
Wieviel Samen, oh!, muß ich auswerfen! Wieviel
Fleisch an meinem Schoß unten muß die Lust
im dreckigen mechanischen Wunder spüren, das für die
andern eine so fest umgrenzte Bedeutung hat!
Gott hat mir unten am Bauch keine
kleine Rute befestigt, die flink ihre Pflicht tut,
den Koitus rasch wie ein Gewehrfeuer vollzieht,
sondern einen warmen, bittersüßen, geschmeidig steifen
Pfahl, einen Sklaven seines Übermaßes.
Und ich bin sein Sklave. Darum
sind nach der Liebe die verschiedenen Farben der Welt
unausstehliche Farben – ein Himmel nach einer
Atomexplosion, ein Licht auf eine verseuchte
Stadt, ein Schweigen, das die Dinge verdüstert.
Wohl auch, weil es inzwischen Abend wird.
Die ersten Lichter leuchten auf, es ist die Stunde
der Reinheit; bevor es ganz dunkelt, begibt sich
Festliches – einem raschen Ende bestimmt – und
erfüllt das Gemüt mit Gewissensbissen und Trauer.
Der Himmel ist von einem klaren Orange, das deutlich
in andere Welten leuchtet. Und Frost liegt in der Luft,
der nicht verzeiht. In der Dunkelheit bleiben

nur die ungeordneten Reihen der Weiden,
geblendet vom Spuk des Lichts, gesträubt
wie Dornenkronen, die gar nicht liturgisch sind.
Meine Rückkehr ist eine Rückkehr
zu jenem Teil der Realität, den ich ausschloß.
So erscheint sie mir wie ein Canossagang
mit dem Endsieg der Pflicht.
Was Wunder, wenn ich nachts
die schrecklichsten Alpträume habe. Doch
sie sind das Wahrhaftigste in meinem Leben.
Eine andere Art, der Wahrheit zu begegnen, habe ich nicht.
Vor einigen Nächten träumte mir,
ich sei auf einer dunklen Straße
voller Pfützen; und suchte am Rand des Bürgersteigs
und am Rand der Pfützen, die voll
eines Lichts von andern Lebensräumen waren,
– vielleicht ein Nordlicht oder ein
sibirischer Sonnenuntergang –
irgend etwas: Ich weiß nicht mehr, was ... Vielleicht
(gerade fällt's mir ein) etwas zum Spielen. Und da, am Rand
der letzten aller Pfützen ein Schwein, ein Ferkel ...
Ich ginge darauf zu, wie um's zu nehmen, anzufassen.
Und ganz lustig bisse es mich. Und sein Biß risse
mir vier Finger meiner Rechten ab, die aber haften blieben
und gar nicht bluteten, als seien sie aus Gummi ...
Und ich liefe mit diesen baumelnden Fingern herum,
so verstört von diesem Biß.
Ein Ruf zum Martyrium?
Wer weiß schon um die Wahrheit der Träume, die
über unsere Begierde nach Wahrheit hinausgeht!

9. Episode

VATER

Auf die Fusion, mein lieber Herdhitze!

HERDHITZE

Auf die Fusion, mein lieber Klotz! Auf die Fusion!

VATER

Du wirst es für eine Marotte halten. Trotzdem
sag ich: Grosz ist nicht tot.
Sieh doch bitte mal
auf den Mund von Frau Mann! Sieh doch hin!
Er steht weit offen über einem Beignet. Sie schluckt.
Jetzt hat sie ihn verschluckt!
Sie lacht. Sie wendet sich zum Mund der Frau Pabst.
Sie lacht wieder, nimmt sich wieder ein Beignet, öffnet den Mund.
Sie schluckt. Jetzt hat sie ihn verschluckt!
Harmloser Beignet, harmlose Gier.
Alles ist von (schwindelerregender) Normalität.
Dies obligatorische Lachen, lieber Herdhitze!
Ehrlich? Natürlich ehrlich! Frau Mann und Frau Pabst
leben nach ihrer Natur und essen (beachte: mit
Appetit!) ihre Beignets wie die Affen im Zoo
ihre Nüsse. (Bittesehr: Grosz!) Worüber beklage ich mich denn?
Wenn sie obligatorisch lachen, bin ich obligatorisch
zynisch. Auch ich lebe nach meiner Natur!
Das Fusionsfest (Klotz & Herdhitze oder Herdhitze & Klotz)
ist so natürlich wie die Wiederkehr des Frühlings.
Unbeschwertheit, lieber Herdhitze! Unbeschwertheit!
Wer sagt da noch, die Religion sei tot?

Schau dir doch den schönen Ritus an!
Jetzt öffnet meine Frau ihren bemalten Rachen und
schiebt den Beignet hinein. Gott
segne den Appetit unserer Frauen!
Deutschland,
was kannst du verdauen!

HERDHITZE
Scheiße!

VATER
Und was kannst du scheißen!
Niemand scheißt mehr als die Deutschen ...
aufs Herz unserer puritanischen Kinder.

HERDHITZE
Hört! Hört!
Herr Ribbentrop hat gegrunzt.

10. Episode

JULIAN
Sind Sie der neue Arzt?

SPINOZA
Nein, Ich bin Spinoza.

JULIAN
Wer?

SPINOZA
Spinoza!

JULIAN
Hier? Im Schweinestall?

SPINOZA
Ja. Hier mit dir
im Schweinestall.

JULIAN
Aber, wie denn ...

SPINOZA
Gewiß, man müßte erst feststellen, wo der wahre
Schweinestall ist. Wie auch immer,
von Saal und Garten,
wo man die Fusion begeht,
bin ich dir gefolgt, als du dich davontrolltest
und hierher in den Koben der Schweine kamst.

JULIAN
Und warum ... bist du mir gefolgt?

SPINOZA
Ich folge dir schon so lange, junger Julian!

Und dies ist, um der Wahrheit willen, sonderlich;
bist du doch nicht Jaring Jelles, nicht Simon de Vries,
nicht Peter Balling und schon gar nicht Koerbagh, der
wegen Ketzerei in den Kerker kam und daselbst verstarb.

JULIAN
Nein, ich bin keiner von deinen heroischen Schülern.

SPINOZA
Fünfundzwanzig! In deinem Alter handelte ich mit
Früchten.
1656 oder 1657 war das. Ich rieche noch den Duft der
Orangen,
die man in Spanien pflückte und in Amsterdam schälte.
Wir waren eine Bürgersfamilie und verschafften
den Früchten der Natur einen sozialen Zyklus;
sie sollten von holländischen statt von spanischen
Mündern verzehrt werden und so im Werte steigen.
Alles nahm seinen Anfang. Franciscus van den Ende,
gewesener Jesuit, lehrte mich Latein, und so
wurde ich Freigeist. Du siehst, es hat sich
nichts geändert: Wie Idas Freunde stellte ich mich,
der Junge, gegen die Alten.

JULIAN
Willst du mich etwa schelten?

SPINOZA
Nein! Nein! Denn »ich lasse einen jeden nach
seiner Art leben und räume ihm auch das Recht ein,
wenn er will, für das zu sterben, was er für sein Heil
ansieht,
habe ich mir doch selbst auch zugestanden, für
die Freiheit zu leben«. Dieses schrieb ich – erst später,
ich gesteh's – zehn Jahre danach, als es mir
leichter fiel, weise zu sein.
Nein, ich schelte dich nicht.
Ich erzähle dir auch nur aus meinem Leben,
weil es ein wenig dem deinen gleicht.

JULIAN
Ob dein Leben dem meinen gleicht oder nicht gleicht,
hat für mich – das weißt du doch – keine Bedeutung mehr.

SPINOZA
Ich weiß. Ich rede ja auch nur, um dir zu beweisen,
daß ich hier ... ganz fehl am Platze bin:
neben dir, in diesem höchsten Augenblick.

JULIAN
Willst du damit sagen, ich brauchte
eher einen Beichtvater? Ist es so?

SPINOZA
Eben dies. Doch, denk dir!, als ich
so alt war wie du, hatte ich Ansichten
von strikter Häresie! Die Synagoge bot mir
viel Geld. Ich sollte schweigen, damit meine
Häresie keinen Skandal entfache. Ich lehnte ab.
Ein Marane wollte mich im Namen der Kabbala töten.
Der alte Isaak Abuab verfluchte mich von der
Höhe seiner Kanzel. Und wie ich darunter litt!
Man denkt immer, Revolutionäre seien nur stark
und litten folglich nicht, als wären Schmerz
und Schande, die sie suchen, für sie ganz
selbstverständlich und natürlich ...

JULIAN
Warum sagst du mir das?

SPINOZA
Nun, meine Abkehr (vom Konformismus der Väter,
Herren über Tonnen von Orangen), ein Bestechungs-
versuch
(Inszenierung einer angeblichen Integration des
rebellischen
Sohnes), die Häresie des Sohnes – Skandal – Verfolgung.
Haben wir das Jahr 1667 oder 1967?

JULIAN
Du warst jedenfalls ein Held.

SPINOZA
Du weißt, daß man es sein muß,
und du weißt auch, wie.

JULIAN
Es ist nicht das gleiche.

SPINOZA
Wenn du unbedingt eine Verurteilung willst, kannst du sie
von mir hören: doch nicht, um dich zu verdammen, sondern
nur, um dir zu sagen, welch andere Realität
der Grund dafür ist, daß g e r a d e i c h hier bin.
Ein ganzes Kapitel meiner »Ethik«, junger Julian,
ist überschrieben: »Über die menschliche Knechtschaft
oder ...
die Macht der Affekte.« Kein Zweifel: Ein Affekt zieht dich
hierher zu den Schweinen, und du bist ihm hörig. Wer
solches tut, »obwohl er das Bessere erkennt, muß
ja wohl dem Schlechteren folgen«, so sagte ich.

JULIAN
Nie gab es einen stärkeren Affekt als diesen,
der mich zu den Schweinen zieht.

SPINOZA
Deine Arroganz spricht nicht gegen deine Unsicherheit:
»Das sind keine natürlichen, sondern zufällige
Gegensätze!«

JULIAN
Wenn du mich doch irgendwie
verurteilst, warum bist du dann hier?

SPINOZA
Warte, ich liefere dir noch eine weitere ... »Beweisführung«
für die Absurdität meines Hierseins. Meine »Ethik«,
junger überheblicher Julian, schloß ich mit einem

Kapitel, das, analog zum vorangegangenen, den
Titel trägt: »Über die Macht des Verstandes oder
die menschliche Freiheit.« Lob des Verstandes – nicht weit
von dem Begriff, den Cartesius sich von ihr machte. Ich sagte
dir ja bereits: Meine Familie war schon ganz bürgerlich!
Im übrigen ist das Wesentliche meines »Tractatus politicus«
damit zum Ausdruck gebracht, daß »der Mensch allein
im Staat vernünftig und frei sein kann«. So müßte ich dir
eigentlich sagen: »Befreie dich, Julian, *mit der Vernunft*
von der Hörigkeit der Affekte: Geh dann zu den Menschen zurück,
wenn du Mensch sein willst!« Und ich würde noch hinzufügen:
»Geh dahin, wo der Fusionscocktail schäumt. Da erwartet dich
mit Sicherheit der Kompromiß, doch ebenso die
Freiheit der Häresie und Revolution.«

JULIAN
Und warum sagst du das nicht wirklich
(was ich schließlich selber weiß)?

SPINOZA
Womöglich hast du etwas vergessen: Bevor du
das Lesen ganz aufgabst und von Schweigen und
wiederholtem Erleben – wiederholt wie liturgischer Gesang –
gefangen wurdest, hast du noch ein letztes Buch
gelesen, vielmehr zu lesen begonnen:
meine »Ethik«.
Du hast nur ein paar Seiten gelesen,
die sich auf Gott beziehen.

JULIAN
Ich kann mich kaum erinnern.

SPINOZA
»Unter Ewigkeit begreife ich die Existenz selbst ...«

JULIAN

»... insofern sie aus der bloßen Definition
des ewigen Dinges als notwendig folgend begriffen wird ...«
Ja, auswendig hatte ich dich gelernt,
weil ich dich nicht verstand.

SPINOZA

Eigenartiger Widerspruch in diesem vierzigjährigen Juden!
Gott mit der Vernunft erklären: will meinen, mit der
Vernunft, die schon wissenschaftlich – und bürgerlich war!
Gott war als Problem schon alt; fand diese Vernunft denn
noch kein neues Objekt, worüber sie sprechen konnte?
Ich starb sehr jung, Julian, ich war erst fünfundvierzig.
Doch bin ich andererseits schon zweihundertneunzig Jahre
tot.
Wenn wir also meine Erfahrung zu der deinen tun
(die du gar nicht machen wolltest, aber machtest),
erreichen wir beide ein wahrhaft majestätisches Alter:
Wir sind so alt wie unsere Epoche.
Doch für eine Epoche sind drei Jahrhunderte gar nicht viel:
Also steht sie doch eigentlich in der Blüte ihrer Jugend
(und hat eher, viel eher dein Alter als meines).
Der Entschluß, den du jetzt faßt, ist demnach der
Entschluß,
den auch unsere ganze junge Epoche fassen könnte ...

JULIAN

Aber ich fasse doch gar keinen Entschluß ...

SPINOZA

Trotzdem hast du ihn gefaßt. Sogar schon lange.
Wozu hast du sonst drei Monate verbracht,
ohne zu sprechen, ohne zu essen, ohne zu
schlafen oder zu träumen und ohne zu sterben?

JULIAN

Ach, vielleicht um mich fortzustehlen!

SPINOZA
Denkst du noch an die »Ethik«?
»Wir leiden, insofern wir ein Teil
der Natur sind, der für sich allein,
ohne andere nicht begriffen werden kann ...«

JULIAN
»Man sagt, daß wir leiden, wenn sich in uns etwas begibt,
dessen Ursache wir nur zum Teile sind ...« Na, gut!

SPINOZA
Ich, erster Philosoph der Vernunft (denn Cartesius
war bereits hierdurch bedingt), müßte dir sagen:
»Sprich, iß, wache, arbeite,
handle und stehl dich nicht fort!«
Doch Objekt meiner Vernunft war Gott.
Und ich kann nicht verlangen, daß du aus Durst
nach Wahrheit lebst. So stirb, wenn dir das
Freude macht, geh aus der Welt.

JULIAN
Aus der Welt des Herrn Herdhitze
und des Herrn Klotz?

SPINOZA
Aus der Welt des Herrn Herdhitze und
des Herrn Klotz sowie ihrer Gegenseite.

JULIAN
Aus den Verstrickungen der Gegenseite war ich schon
heraus.

SPINOZA
Doch ohne jemals wirklich hineingekommen zu sein.

JULIAN
Dagegen sprachen wohl gute Gründe.

SPINOZA
Ja, die Voraussicht dessen, was du heute sein würdest.
Hier, in dem Schweinekoben, wohin du täglich kamst.

Wo du, wie bei einer Masturbation
oder bei einer mystischen Entrückung
die Beziehungen zur Welt verlorst.

JULIAN
Gut. Doch was bringt es mir
außer dem Verlust der Vernunft?

SPINOZA
Dasjenige, was du für dein Glück hältst.

JULIAN
Wirklich, ich bin der
glücklichste Mensch der Welt!

SPINOZA
Eben dies: Du bist, weil du glücklich bist.
Durch dein Sein bringst du dich zum Ausdruck.
Nenne, wie du magst, diese deine Mitteilungsweise,
die dein Vater »weder Gehorsam noch Ungehorsam« nennt:
Tatsache ist, um ein Beispiel zu geben, daß viele Heilige
ohne Worte predigten – mit ihrem
Schweigen, ihrem Tun, ihrem Blut und ihrem Tod.
Oh, das war gewiß kein Reden, das man
als rational bezeichnen könnte.
Um für diese Art des Redens Zeugnis abzulegen,
die durch keine Vernunft, auch nicht durch
eine sich selbst widersprechende
erklärt werden kann,
wurdest du berufen.

JULIAN
Nicht einmal für deine »Ethik« will ich
zum Versuchskaninchen werden.

SPINOZA
Hast du denn nicht begriffen, Julian?
Ich bin hier, um sie abzuschwören.
Denn sie war nur ein Buch – wie »Don Quijote«,
die »Monadologie« oder die »Principia mathematica«.

Sublime Bücher, wenn du so willst: doch Werke
aus einer anderen Welt entstanden, die schließlich
deinen Vater als Humanisten und seinen
Sozius als Technokraten
hervorbringen sollte.
Am Ende haben diese Werke doch nichts anderes getan
als *ihnen* Ruhm zu bringen, *ihre* Geschichte zu
untermauern.
Richtig: Die *Vernunft*
half mir, Gott zu erklären.
Doch einmal Gott erklärt, hat die Vernunft
ihre Aufgabe erfüllt und muß sich selbst verleugnen.
Nur Gott darf bleiben, nichts als Gott.
Beharrte ich auf einigen Punkten, die dem alten Spinoza
lieb gewesen, so doch nur, um dir begreiflich zu machen,
wie sehr der neue recht hat und wie sehr er in dir
die einzige, reine Gegenwart eines Gottes
liebt, der nicht tröstet.

11. Episode

HANS-GÜNTER
Herr Klotz! Herr Herdhitze!
Ich bin mit meinem jetzigen
Kollegen Clauberg, ehemals Ding,
wegen etwas sehr Eigenartigem gekommen,
das sich gerade abspielt ...

VATER
Sprich, mein Lieber, sprich!

HANS-GÜNTER
Eine Bauerndelegation ...

HERDHITZE
Eine Bauerndelegation!!

CLAUBERG *ehemals* DING
Jawohl, Herr Herdhitze.
Ich kann es Ihnen bestätigen.

HERDHITZE
Hier in Deutschland haben die Bauern
schon lange nicht mehr von sich reden gemacht ...

CLAUBERG *ehemals* DING
Und doch sind das Bauern ...

HERDHITZE
Ich wette, sie werden von diesen italienischen
Hilfsarbeitern angeführt, mit ihrem
Togliatti in den Hohlköpfen ...

VATER
Togliatti ist tot.

HERDHITZE
Haben sie Spruchtafeln, schwenken sie Fahnen?

CLAUBERG *ehemals* DING
Nein, das nicht, Herr Hirt ... Herdhitze ...

HANS-GÜNTER
Sie sind friedlicher als alle Friedensfreunde,
so scheint es jedenfalls, und
sie stehen hier vor der Villa, als kämen
sie zu einer Taufe – oder zu einem Begräbnis.

VATER
Begräbnis?

HANS-GÜNTER
Nur eine Redensart, Herr Klotz.

HERDHITZE
Demnach demonstrieren sie nicht,
schwenken keine roten Fahnen und
fuchteln nicht mit Hacken und Spaten.
Was wollen sie dann?
Zum Fest hat sie doch keiner geladen!

VATER
Ach, das haben wir ja ganz übersehen!

HANS-GÜNTER
Sie haben keinerlei Absicht, sich am Fest zu beteiligen.
Es ist ihnen auch schrecklich unangenehm, zu stören ...
Wie schon gesagt, sie machen traurige, bekümmerte Gesichter,
Leichenbittermienen, als ging's um ein Begräbnis ...

VATER
Begräbnis, Hans-Günter?

HANS-GÜNTER
Nur eine Redensart, Herr Klotz.

CLAUBERG *ehemals* DING
Sie wollen etwas mitteilen ...

VATER
Warum laßt ihr sie dann draußen stehen?

HANS-GÜNTER
Ah ... Zum einen wußte ich nicht, ob es angebracht sei,
sie zu so vielen Persönlichkeiten hier
hereinzulassen (wirklich, sie tragen schwarze Anzüge,
wie bei einem Begräbnis ...).

VATER
Schon wieder Begräbnis! Was soll das?

HANS-GÜNTER
Es ist nicht wörtlich gemeint.
Sie kommen zwar in Schwarz, riechen aber
trotzdem nach Mist, und ihr ärmliches Aussehen ...

VATER
Genug jetzt! Sie sollen kommen.

CLAUBERG *ehemals* DING
Nur ... andererseits wollen sie nicht mit Ihnen sprechen,
Herr Klotz, sondern mit dem ... härteren Gesellschafter!

VATER
Wie? Was?
Haha! Nicht gerade eine Schmeichelei, diese
Unterscheidung am Tage der Fusion! Aber, bitte!
Ich habe jetzt größte Lust auf ein Beignet.
Ab

HERDHITZE
Laßt sie schon herein!

HANS-GÜNTER
Kommt! Kommt! Steht nicht so stocksteif da!
Die Bauern kommen herein.

HERDHITZE
Seid ihr stumm geworden? Was ist denn?

CLAUBERG *ehemals* DING
Nur Schüchternheit, Herr Herdhitze ...

HERDHITZE
Ach, was!

HANS-GÜNTER
Macht schon euern Mund auf ... Du, alter Wolfram,
der älteste von diesem Haufen! Du hast doch immer
schon mehr Worte gehabt als
Isaias und Ezechiel zusammen.
In Dreiteufelsnamen, rede!

WOLFRAM
Nicht aus Unwissenheit kann ich nicht sprechen.

HERDHITZE
Geht es um Julian? Heul doch jetzt nicht,
alter Wolfgang oder Wolfram,
oder wie zum Teufel du auch heißt ...

WOLFRAM
Ich bring's nicht über mich.

MARACCHIONE
Dann will ich reden, Herr, wenn Sie erlauben.

HERDHITZE
Bist du einer von den zugewanderten Italienern?

MARACCHIONE
Ja, Herr. Ich kann mich nicht gewählt ausdrücken,
aber es wird reichen für das, was ich sagen muß.

HERDHITZE
Also, denn.

MARACCHIONE
Sie wissen, daß die Schweinekoben ...

HERDHITZE
Die Schweineställe?

MARACCHIONE
Die Schweineställe der Ökonomie liegen da unten,
ganz unten in einer Senke,
weit weg von den Bauernhäusern,
weit weg von den anderen Ställen
und weit weg von allem überhaupt.

HERDHITZE
Aber ja, das weiß ich doch.
Mach schon ...

MARACCHIONE
Ja, und die ganze Vertiefung da unten,
wo unten die Koben sind, sie stand noch
vor einigen Monaten voller Zwetschgenbäume.

HERDHITZE
Und?

MARACCHIONE
Ja ... Dieser ganze Bestand dort ist auf Anordnung
von Herrn Klotz abgeholzt worden, wirklich
der ganze (und ich kann das sagen, hab ich doch
mit meinen Kollegen einen Monat dort gearbeitet).
Und jetzt ist die Senke ganz kahl geworden, nicht mal
einen Zweig, keinen einzigen Zweig gibt es mehr.
Die Schweineställe drunten stehen jetzt ganz offen da:
Man kann sie einen Kilometer weit sehen.

HERDHITZE
Interessant.

MARACCHIONE
Herr Julian machte jeden Tag ... ganz allein ...
einen Spaziergang ... dorthin ... Auch heute
hat er seinen gewohnten Weg gemacht, auch heute,
wo doch das Fest in der Villa ist!

HERDHITZE
Und hat euch mit eurer Harmlosigkeit und uns
mit unserer Verantwortlichkeit genarrt.

WOLFRAM
Sollen wir und Sie den Stab über ihn brechen,
der nur einstecken mußte, weil er sich
in sich selber verschloß? So hat er
uns mit geschlossenen Augen angesehen. Und
hat kein Wort gesagt: Julian gehörte nicht
zu den Opfern, die mit ihren Henkern reden;
er wollte keinen ins Vertrauen ziehen.
So hat er sich auch keinem angeschlossen.
Seine Feigheit war Gnade. Er hat uns alle verraten,
obwohl er uns niemals die Treue versprach.

HERDHITZE
Irre ich mich, oder hältst du da eine Leichenrede?

MARACCHIONE
So ist es, Herr Herdhitze. Und wenn ich jetzt den
alten Wolfram so höre, obgleich ich nicht alles
verstehe, was er sagt, kommen mir auch die Tränen ...

HERDHITZE
Ist Julian tot?

MARACCHIONE
Herr Herdhitze ...

HERDHITZE
Rede, Makkaroni!

MARACCHIONE
Er war da nach unten weitergegangen
zu den Schweineställen ...

HERDHITZE
Das habe ich schon begriffen. Und dann?

MARACCHIONE

Und Gustawa, das kleine vierjährige Mädchen, war immer die letzte, die von ihm ging. Manchmal lief sie wie ein Hündchen eine Weile neben ihm her. Aber heute länger als sonst, und ...

HERDHITZE

Und was?

MARACCHIONE

Sie kam nach einer Weile zurück. Und wie sie geweint und geplärrt hat! Mamma mia! Wir haben gedacht, sie stirbt ... Mit den Händchen hat sie auf die Schweinekoben da unten gezeigt, die Koben. Und hat geschrieen – es war kaum zu verstehen, sie hat erst sprechen gelernt – hat geschrieen: »Schweine fressen Herren Julian!«

HERDHITZE

Und ihr?

MARACCHIONE

Wir? Oh, wir haben ja nicht begreifen können! Wir haben gedacht, sie fiebert oder sie träumt ... Aber dann sagten wir uns: »Lieber nachschauen, was da unten in den Schweineställen passiert!« Und so haben wir zu arbeiten aufgehört und rannten zu der Senke und Hals über Kopf die Böschung hinunter; und wie wir so rannten, da haben wir verstanden ...

HERDHITZE

Was?

MARACCHIONE

Das Mädchen hat recht gehabt, Herr Herdhitze.

HERDHITZE

Buchstäblich?

MARACCHIONE

Die Schweine fraßen gerade einen Menschen, und ...

HERDHITZE
Was noch?

MARACCHIONE
Der Mensch war wirklich Herr Julian. Aber ...

HERDHITZE
Aber?

MARACCHIONE
Die Schweine kauten jetzt schon die letzten Stücke
von Julian. Das eine hatte im Maul eine Hand, und
die andern wollten sie ihm wegreißen und selber fressen.

HERDHITZE
Habt ihr keinen Finger, keine
Haarsträhne retten können? ...

MARACCHIONE
Nein, überhaupt nichts ...

HERDHITZE
Dann haben die Biester tatsächlich reinen Tisch gemacht?

MARACCHIONE
Ja, Herr. Hätte einer nicht schon von weitem mit eigenen
Augen gesehen, wie sie einen Menschen fressen –
an Ort und Stelle hätte er gar nichts begriffen.

HERDHITZE
Seid ihr denn ganz sicher?

MARACCHIONE
O ja, Herr. Vollkommen sicher.

HERDHITZE
Sind keine Spuren zurückgeblieben?
Zum Beispiel ein Stück
Stoff oder eine Schuhsohle?

MARACCHIONE
Nichts!

HERDHITZE
Ein Knopf . . .

MARACCHIONE
Nein. Nichts. Gar nichts.

HERDHITZE
Psst! Dann sagt niemandem was davon!

Fischer

Thomas Hürlimann
Stichtag
Großvater und Halbbruder

Theater Film Funk Fernsehen

fi 338/2

Band 7086